国家哲学社会科学基金旅游研究项目文库
GUO JIA ZHE XUE SHE HUI KE XUE JI JIN LÜ YOU YAN JIU XIANG MU WEN KU

# 青藏高原多民族聚居区
# 旅游产业与文化产业融合途径及其效应研究

张俊英◎著

对青藏高原多民族聚居区旅游产业与文化产业融合现状进行深入分析
探索青藏高原多民族聚居区旅游产业与文化产业融合的途径和效应
研究青藏高原多民族聚居区旅游产业与文化产业融合的基本问题

中国旅游出版社

# 前言

民族旅游涉及各研究领域，形成了各具特色的研究范式。青藏高原多民族聚居区旅游产业与文化产业的融合发展成为文化与旅游融合的重要内容，也是民族旅游业发展的重要问题。目前，国内外关于旅游产业与文化产业融合的研究较多，但对青藏高原多民族聚居区旅游产业与文化产业融合的研究并不多见。本书从理论和实践层面，对旅游产业与文化产业融合的途径、融合效应展开研究，对于推动青藏高原多民族聚居区旅游产业与文化产业融合发展、提高少数民族地区旅游业的核心竞争力、促进青藏高原多民族聚居区文化的保护与传承、加强青藏高原多民族聚居区旅游业的发展与管理等，均具有重要的意义和价值。并为当地政府正确处理自身与各方关系、协调各方利益提供科学依据，为青藏高原多民族聚居区文化保护传承和旅游可持续发展提供借鉴。

本书在国家社会基金青年项目“青藏高原多民族聚居区旅游产业与文化产业融合途径及其效应（15CMZ027）”的资助下，以社会学、民族学、人类学、经济学、管理学相关理论为指导，以深度访谈和实地调研资料为基础，采用理论与实践，归纳与演绎，途径总结和实践案例相结合的方法，以当地政府、企业为主体，把青藏高原多民族聚居区旅游产业与文化产业融合途径及效应作为研究主题，对青藏高原多民族聚居区旅游产业与文化产业融合现状进行深入分析，探索了青藏高原多民族聚居区旅游产业与文化产业融合的途径和效应，研究了青藏高原多民族聚居区旅游产业融合的基本问题。

本书主要研究的问题有：分析青藏高原多民族聚居区旅游产业与文化产业融合研究的意义，综述相关的主要理论以及国内外研究进展；定性描述青藏高原多民族聚居区旅游产业与文化产业融合现状；重点探讨青藏高原多民族聚居区旅游产业与文化产业融合的途径与效应；以旅游体验理论、创新理论、系统理论、产业关联理论、产业融合理论为基础，研究青藏高原多民族聚居区旅游产业与文化产业融合路径与模式，确定青藏高原多民族聚居区旅游产业与文化产业融合的途径，并提出今后的融合途径；并就青藏高原多民族聚居区旅游产业与文化产业融合的效应和产生的影响展开分析和评价。

本书得到如下主要结论：

（1）探寻和分析了青藏高原多民族聚居区旅游产业与文化产业融合的途径。以产业融合理论、旅游产业融合理论为基础，结合青藏高原多民族聚居区旅游产业与文化产业融合发展的实际情况，通过对青藏高原多民族聚居区旅游产业与文化产业融合路径与模式的研究和分析，发现青藏高原多民族聚居区旅游产业与文化产业现有融合路径是资源融合、产品融合；现有融合模式是重组型融合和延伸型融合。在现有融合路径和模式的分析基础上探讨了青藏高原多民族聚居区旅游产业与文化产业融合的未来路径有企业融合、市场融合、空间融合、管理融合和资本融合；未来融合模式有渗透型融合。

（2）对民族地区旅游产业与文化产业融合进行了定量化研究。通过相关文献的分析，民族地区旅游产业与文化产业融合的研究及路径、模式的研究均为经验性的、定性的分析和研究，尚无定量研究和数学方法的应用，难以量化。因此，基于模糊评价法等定量方法，创新性地在青藏高原多民族聚居区旅游产业与文化产业融合度的研究中引入定量研究和数学方法。

（3）得出青藏高原多民族聚居区旅游产业与文化产业融合的五大综合效应，即创新能力、区域一体化、竞争力、消费、产业升级五个方面的效应。

本书从实际出发，在产业融合理论和系统理论的基础上，采用了规范性研究、大量样本实证研究、案例研究相结合的研究方法，系统地研究青藏高原多民族聚居区旅游产业与文化产业融合的问题，具有较强的理论意义和实践意义。本书的主要创新点表现在以下三个方面。

（1）针对青藏高原多民族聚居区旅游产业与文化产业融合发展的实际情况，提出了青藏高原多民族聚居区旅游产业与文化产业融合的未来路径和模式。

（2）创新性地在青藏高原多民族聚居区旅游产业与文化产业融合度的研究中引入定量研究方法。

（3）得出青藏高原多民族聚居区旅游产业与文化产业融合的效应，即创新能力、区域一体化、竞争力、消费、产业升级五大效应。

本书在青藏高原多民族聚居区旅游产业与文化产业融合途径选择、效应分析评价方面及融合历时性研究方面还需继续深化，这将成为作者进一步努力深入研究此课题的发展方向。

张俊英

2023 年 12 月

# 目 录

# 第一章 绪论

## 一、研究背景

### （一）国际文化旅游发展的良好趋势

文化是旅游的灵魂，旅游是文化的载体，寻求文化俨然已成为旅游者当下最喜欢的一种生活方式。通常把追求不同于自身的文化、当地举办的各种节庆活动或者一些名人遗留下来的踪迹等都可以归到文化旅游中来。文化产业的兴起和旅游业的发展出现了交叉和融合，新的文化旅游业态不断涌现[1]。文化旅游产业涉及的面比较广、相关关联性强、对其他产业的带动性也大，因此，文化旅游产业成为21世纪最具活力和最受人瞩目的产业。

实际上，旅游当中最重要的就是文化，文化延伸和扩展了旅游的内容。旅游其实就是体验和追求文化。文化学认为旅游是人们在休闲时间的一种文化创造、文化欣赏、文化建构的一种生命状态[2]。有了文化的底蕴，才会让旅游者获得精神上的审美和愉悦。旅游业的发展对文化的活化和传播起到重要作用[3]。显然，在中国，民族文化是中国传统文化的一个有机组成部分。民族文化就是各民族在漫长的历史发展过程中所不断创造和积累的具有本民族特色的传统文化，游客之所以到旅游地去旅游，就是因为当地的民族文化。通过体验和了解当地的民族文化，可以使旅游者深切感受到这个民族的一些特质、了解到这个民族的风俗习惯、体会到这个民族的精神力量。因此，我们可以说，少数民族地区旅游的核心竞争力就是它们所具有的独特的民族文化。各民族都有自己独特的生活方式和生活礼仪，他们的衣、食、住、行、婚宴丧葬、节日、乡俗、宗教、工艺、图腾和自然崇拜等，都具有很丰富的文化内涵，这些就足以吸引广大旅游者前来民族旅游地了解当地的民风民俗，体验参与当地举办的各种旅游活动，从而不断去满足游客好奇的心理需求。因此，各民族地区要想与别的地方相抗衡、实现当地旅游业的可持续发展，就要不断挖掘具有本民族特色的文化内涵，从而吸引更多游客的到来，增强旅游业的竞争力。文化旅游业的发展趋于一种良好的发展趋势，这就充分地证明当今各国实施旅游业的重要战略就是要加强旅游产业与文化产业的融合。

### （二）促使文化与旅游融合的国家行为

近年来，我国的旅游产业和文化产业一直保持着良好的发展势头，取得了十分显著的经济效益和社会效益，促进了我国的经济发展和社会进步，其作用突出，影响力剧增，引起了国家的重视，特别是文化产业得到了国家相关政策的大力支持，其发展速度迅猛，在经济发展的领域中占有一席之地。为了实现自身更好的发展，文化产业积极寻求突破路径，通过与别的产业融合扩张，衍生了许多领域。其中，旅游产业与文化产业融合发展形成的文化旅游得到了快速发展，受到了国家和社会各界的重视。

国家越来越重视文化旅游发展，相继出台了一系列支持和发展文化产业、旅游产业和文化旅游的政策措施，并采取相关保障措施予以贯彻和实施，以期更好发挥文化产业、旅游产业和文化旅游在拉动经济增长和提升经济实力方面的作用，实现经济、社会的可持续发展。2000年，党的十五届五中全会《中共中央关于制定国民经济和社会发展第十个五年计划的建议》中，第一次明确把文化产业这一概念写入中央文件，随后一些地方政府将文化产业作为新的经济增长点来培育和发展。2002年，党的十六大报告对文化产业发挥的作用、产生的意义和所占的地位等做了详细的描述，并提出了文化产业和文化事业大发展的口号。2009年7月，国务院常务会议颁布了我国第一部文化产业专项规划《文化产业振兴规划》，指出要大力发展文化产业，培育文化新业态，标志着国家已经把文化产业作为战略性产业来重点扶持。之后又相继出台了《文化产业投资指导目录》和《关于进一步繁荣发展少数民族文化事业的若干意见》，引起社会各界的强烈反响和高度关注。2009年9月，国家旅游局和文化部联合发布了《关于促进文化与旅游结合发展的指导意见》，把两个不同领域的产业相提并论，指出旅游与文化的结合可以扩大中华文化的影响力，提高旅游产业的转型升级，促进文化旅游市场的繁荣发展，指明了文化可以通过旅游这一载体发挥作用。2009年11月，国务院颁布《关于加快发展旅游业的意见》，提出要“把旅游业培育成为人民群众更加满意的现代服务业和国民经济的战略性支柱产业”，并决定设立“中国旅游日”。两份文件中明确提出加快旅游与文化产业的融合和发展，提高文化内涵，培育旅游增长点。国家对旅游产业和文化产业的战略定位，为文化与旅游的融合及文化旅游深度发展指明了方向。2010年，国家旅游局推出以“文化旅游、和谐共赢”为主题的“中国文化旅游主题年”系列活动，这些都说明国家非常重视文化与旅游的融合发展，为它们的融合发展提供了好的条件和平台。2014年，国务院发布《关于推进文化创意和设计服务与相关产业融合发展的若干意见》，提出坚持健康、文明、安全、环保的旅游休闲理念，以文化提升旅游的内涵质量，以旅游扩大文化的传播消费。2014年国务院公布的《关于促进旅游业改革发展的若干意见》、2015年国务院公布的《关于进一步促进旅游投资和消费的若干意见》及2020年国家发展改革委等23个部门联合印发的《关于促进消费扩容提质加快形成强大国内市场的实施意见》中都对文化旅游的发展提出了建议和保障措施。尤其是2018年文化部和旅游局的实质性合并，为文化与旅游的进一步融合发展带来了很好的机遇和平台。这些创新举措为文化旅游发展营造了浓厚的氛围，说明我国旅游产业和文化产业的发展进入了一个全新的局面，两者融合发展的有效机制正在逐步形成。

“十四五”期间，旅游产业作为“战略性支柱产业和人民群众更加满意产业”，与同样作为“国民经济支柱性产业”的文化产业将有越来越多的融合发展，其中，文化旅游产业是展示地方文化魅力、推动旅游产业转型、调整地方经济结构、促进地方经济发展的重要产业。因此，从现实来看，文化旅游在发展过程中，对有关理论的探讨和实践的探索取得了一定的进展。其成熟的观点、理论、研究和生产、管理等实践经验，对于如何促进文化与旅游的融合发展具有重要的指导和借鉴意义。

### （三）促使文化与旅游融合的地方政府行为

文化旅游是一种产业融合，它是旅游产业与文化产业交叉而成的新型业态，是两者相互融合的产物，具有旅游与文化的功能和属性。一方面，随着旅游业发展，人们不再满足过去传统的观光旅游，而是逐渐转向对旅游目的地文化的了解、当地风土人情的体验等。旅游需求呈现多样化，而文化旅游以其独特的、神秘的文化资源作为旅游吸引物，很好地迎合了旅游者日趋强烈的文化体验和审美体验的消费需求，不仅拓宽了旅游者的视野，而且提升了旅游发展的水平，成为一种有巨大发展潜力的旅游形式。另一方面，人民日益增长的文化需求和文化体验，也必将对文化产业的发展空间进行拓展和延伸，即使文化得以发展，又使旅游得到发展，有效形成旅游产业和文化产业互补双赢的局面。文化旅游的增长速度快、发展势头猛，很多旅游者的出游动机就是了解当地的本土文化、体验当地的民俗风情、参与到当地居民的生活中去。而且，实践表明大部分来到中国旅游的外国旅游者是为了了解和体验中国文化。从国内市场看，文化旅游的发展也越来越好，其重要性和作用日益凸显，而且，在国家倡导文化大发展大繁荣的前提下，当地政府也越来越意识到文化与旅游融合的重要性，以及发展文化旅游的巨大作用。

随着两者的快速发展，不同地区纷纷采取措施来大力发展旅游产业和文化产业，各级政府和相关部门都想通过旅游产业和文化产业的发展来实现本地经济水平的提升和社会文化的发展，都想在旅游、文化这块大蛋糕中分一块给自己，旅游产业、文化产业竞争愈演愈烈，各地区发展旅游产业、文化产业的激情日渐高涨，在如何突出本地特色、塑造本地形象、传播本地文化、打造文化旅游品牌等方面下了很大力气，付出了很多努力。像经济发达地区如北京、上海、广州、深圳等地，充分利用自身优越的地理位置、雄厚的经济实力、完善的基础设施和服务设施、健全的管理机制等有利条件来发展旅游产业、文化产业，在全国旅游产业、文化产业发展中起到表率作用。像有世界品牌旅游资源的四川、陕西、湖北、湖南等地充分利用独一无二的旅游资源和旅游精品来发展旅游产业，其世界级的旅游品牌对游客具有很大的吸引力，致使国外游客和国内游客前来观光游览，旅游产业得到了很大的发展。另外，还有一些地区如环渤海区域、长三角区域、珠三角区域为了更好发展旅游产业和文化产业，想方设法与周边地区或省份合作，通过资源互补、出台优惠政策等方式实现区域合作，达到旅游双赢的目的。与这些区域相比较，处于偏远位置的少数民族地区经济比较落后，旅游产业和文化产业发展相对滞后。但是，少数民族地区拥有丰富独特的世界级旅游资源和文化资源，对游客有很大的吸引力。因此，青藏高原多民族聚居区的当地政府要想发展旅游产业和文化产业，实现旅游与文化的融合，要想与发达地区相抗衡，就不能照搬发达地区的模式，也不能仅停留在旅游产业、文化产业发展的初级阶段，必须充分发挥自身优势，突出少数民族地区的特色，只有这样才能在激烈的市场竞争中出奇制胜、脱颖而出。那么青藏高原多民族聚居区旅游产业和文化产业要想获得更好发展的一个重要途径，就是充分发挥文化资源的独特作用，利用国家大力倡导文化大繁荣、旅游大发展的有利契机，推动青藏高原多民族聚居区旅游产业与文化产业的有效融合，从而使旅游产业和文化产业得到快速、健康、可持续的发展。

## 二、问题的提出

### （一）如何化解和改善青藏高原多民族聚居区文化保护与旅游发展之间存在的矛盾关系

在处理和解决青藏高原多民族聚居区文化保护和旅游发展之间的关系时，各地政府都比较棘手。要么各地政府为了追求更多的经济效益，忽视对文化的传承和保护，给当地文化造成了负面影响；要么当地政府或者学者积极倡导对文化的大力传承和保护，认为发展旅游业势必会对文化造成破坏，而主张反对发展旅游业，这给当地旅游业的发展也带来了一定的阻碍。因此，各地都很难处理两者之间的关系，实际上，两者之间是紧密相连、不可分离的，只要适当地处理和解决好两者之间的矛盾，就会给两者发展带来很大的机会，改善文化保护和旅游发展之间的矛盾关系是研究中不可回避而且必须解决的问题。

### （二）寻找青藏高原多民族聚居区旅游产业与文化产业融合的途径

在青藏高原多民族聚居区，哪些因素影响着旅游产业与文化产业的融合？这些因素是如何影响旅游产业与文化产业的融合？达到旅游产业与文化产业融合的关键是什么？目前青藏高原多民族聚居区旅游产业与文化产业融合的途径有哪些？哪些途径是主要的，哪些途径是次要的？随着两者融合发展，未来青藏高原多民族聚居区旅游产业与文化产业融合的途径有哪些？

### （三）青藏高原多民族聚居区旅游产业与文化产业融合效应

科学地引导青藏高原多民族聚居区旅游产业与文化产业的融合发展，在确定青藏高原多民族聚居区旅游产业与文化产业融合途径的基础上，去客观分析和评价旅游产业与文化产业融合后所带来的效应和影响。

## 三、研究目的和意义

### （一）研究目的

本课题站在融合的角度，以青藏高原多民族聚居区的旅游产业与文化产业发展为研究对象，在旅游体验理论、创新理论、系统论、产业关联理论、产业融合理论等的指导下，以青藏高原典型案例地为实证案例，依据实地调研资料和历年来政府权威部门的统计调查资料，运用文献分析、深度访谈、统计分析、案例分析等定性和定量相结合的方法，理论和实践相结合，以当地企业为主体，从宏观和微观两个层面综合、系统、深入地探讨和寻求青藏高原多民族聚居区旅游产业与文化产业融合的途径。在此基础上对青藏高原多民族聚居区旅游产业与文化产业融合的效应进行评价，进而对青藏高原多民族聚居区旅游产业与文化产业融合的基本问题进行探讨，探寻如何使青藏高原多民族聚居区优秀传统文化得到传承和发展，同时促进旅游得以可持续发展，达到实现青藏高原多民族地区旅游与文化共同提升、共同发展的“双赢”目的。以期丰富产业融合、旅游产业融合理论，并为当地政府正确处理自身与各方关系、协调各方利益提供科学依据，其成果对于青藏高原多民族聚居区文化产品开发、市场开拓、文化保护、旅游业发展和规划控制及旅游业管理均具有重要的理论指导和实践意义。

### （二）研究意义

#### 1. 理论意义

目前少数民族地区旅游与文化的发展虽然引起了国内外很多学者的研究和

关注，但总体来说，对于少数民族地区旅游与文化发展的深层次问题还是涉及的较少。从国内来看，对文化旅游的研究主要包括文化旅游产品的开发设计、文化旅游资源的保护、文化旅游的管理及文化旅游可持续发展等领域，很少系统、全面将两者结合起来进行研究，对文化旅游的研究深度和高度不够，尤其是对文化和旅游共同发展的研究更少。有些研究虽然分析两者的发展，但大都是从人类学角度出发，尽管也有些研究强调两者互动发展，事实上还是集中于单向发展，要么强调对文化的保护和发展，要么强调对旅游业的发展，而且研究成果多以定性描述为主。因此，本书从融合的角度出发，采用定性和定量结合的方法，对青藏高原多民族聚居区旅游与文化的发展进行研究，通过对旅游产业与文化产业融合现状、途径、效应、对策等几个方面的论述，深入探讨青藏高原多民族聚居区旅游产业与文化产业的融合。因此，本课题研究的理论意义在于将产业融合的理论引入旅游学研究，为青藏高原多民族聚居区文化旅游研究中一些棘手的问题提供了好的解决思路，为我国民族文化旅游发展的研究方法寻得一个切入点，对进一步深化青藏高原多民族聚居区文化旅游产业研究、拓展产业融合理论具有重要的价值和意义。

**2. 实践意义**

（1）改进企业经营决策

对于企业，本书试图揭示青藏高原多民族聚居区旅游产业与文化产业融合的途径及其效应，对企业制定自身发展战略具有重大意义，有助于旅游企业寻求民族文化与旅游融合发展的途径和对策措施。为今后民族地区文化、旅游产业的发展提供了重要的理论依据和指导思路，不断促使民族文化与旅游保持良好的发展势头，提高企业竞争力。

（2）提升政府管理绩效

研究青藏高原多民族聚居区旅游产业与文化产业融合途径及效应的问题，为政府制定区域旅游产业与文化产业发展政策提供依据，对政府合理调整旅游产业与文化产业结构，促进文化旅游业转型升级具有重要的指导意义。对于国家而言，探讨民族地区文化与旅游发展的途径，有利于缓解少数民族地区民族文化与旅游发展之间的矛盾，为民族地区文化与旅游的可持续发展提供指导，实现民族地区经济发展和社会稳定具有十分重要的现实意义。

（3）构建文化与旅游共同发展格局

民族文化与旅游的互动融合，最终目的就是既要得到旅游的发展，又能得到文化的发展，即两者共同发展、共同提升的双赢目的。青藏高原多民族聚居区文化丰富多样，具有各自鲜明的民族特色，民族文化与旅游发展之间的关系比较复杂，文化保护与旅游开发中存在一定的矛盾。本书通过探索实现两者共同发展的途径和效应问题，对于青藏高原多民族聚居区实现民族文化与旅游的共同提升、持续发展具有重要的指导意义，也为欠发达、后发展地区在旅游、文化产业融合途径、效应研究及两者共同发展上提供较好的参考和借鉴。

## 四、研究方法和技术路线

### （一）研究方法

#### 1. 文献研究法

本书的文献资料收集整理主要来源于青海省图书馆、青海民族大学图书馆及互联网上的相关资料。其中外文文献主要来自 Elsevier Science Direct 电子期刊数据库、Springer Link 全文电子期刊、Wiley Interscience 数据库、Google Scholar 搜索引擎工具等；中文文献主要来自超星数字图书馆、中国知网 CNKI 数据库、万方学位论文数据库、阿帕比电子图书馆等。另外，还通过《中国旅游统计年鉴》《中国统计年鉴》以及西藏、青海省的旅游统计资料、国家和地方旅游行政管理部门开设的官方网站、新闻网和地方报刊媒体网站等，以及公开出版的学术论著、书籍杂志资料、地方管理部门的规划文本、行业资料等，收集有关资料。

**2. 田野调查法**

田野调查法也被称为实地调查法，是指研究人员深入调查研究区域，通过实地调研、参与考察、深度访谈、问卷调查、实物观察等方式、方法，获取第一手研究资料，对研究问题获得感性和理性认识，将获取的一手资料与国家权威部门统计数据相结合，从而保证研究结果的可靠性、真实性和科学性。

**3. 案例分析法**

本研究选取青藏高原多民族聚居区典型案例地进行调查和研究，通过典型案例地旅游产业与文化产业融合问题的研究反映青藏高原多民族聚居区旅游产业与文化产业的融合状况。

**4. 定性和定量结合的方法**

定性分析描述青藏高原多民族聚居区旅游产业与文化产业融合现状，定量分析青藏高原多民族聚居区旅游产业与文化产业融合的程度，做到定性分析和定量分析相结合。

## （二）技术路线

本书的研究方法和技术路线详见图 1-1。

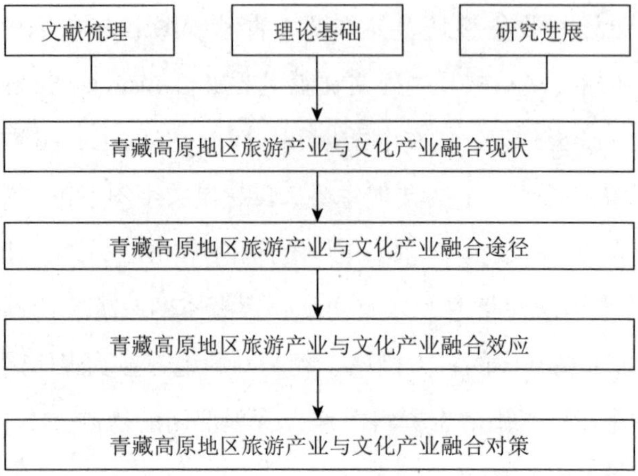


**图 1-1 研究方法和技术路线框图**

## 五、研究内容及重难点

### （一）研究内容

#### 1. 本研究综述及理论基础回顾

这部分内容主要介绍本课题的研究背景、选题缘由、研究目标、研究意义、研究方法、技术路线、研究框架、相关概念和国内外研究进展。一方面，对国内外关于产业融合、旅游产业融合及旅游产业与文化产业融合的相关文献进行了梳理和评价，找到民族文化与旅游融合研究中存在的问题及不足之处，并确定本课题所要研究解决的学术问题。另一方面，对能够为青藏高原多民族聚居区旅游产业与文化产业融合途径、效应提供指导作用的相关理论进行了梳理和回顾，为今后开展的具体研究奠定坚实的理论基础。

#### 2. 青藏高原多民族聚居区旅游产业与文化产业融合现状

在整理相关文献及产业融合理论研究成果的基础上，结合青藏高原多民族聚居区文化及旅游业的特征，分析青藏高原多民族聚居区旅游产业与文化产业融合的现状，并能够用定量方法测算青藏高原多民族聚居区旅游产业与文化产业的融合度。

#### 3. 青藏高原多民族聚居区旅游产业与文化产业融合途径

以实地调研的研究方式，寻求和研究目前青藏高原多民族聚居区旅游产业与文化产业融合的路径和模式有哪些，从而确定青藏高原多民族聚居区旅游产业与文化产业融合的途径。并且根据两者的融合发展趋势，探寻未来青藏高原多民族聚居区旅游产业与文化产业融合的途径。同时，选择青藏高原多民族聚居区典型案例地进行调研和研究，通过典型案例地旅游产业与文化产业融合问题的研究进一步反映青藏高原多民族聚居区旅游产业与文化产业的融合状况。

#### 4. 青藏高原多民族聚居区旅游产业与文化产业融合效应

在研究和分析旅游产业与文化产业融合途径的基础上，分析青藏高原多民族聚居区旅游产业与文化产业融合的效应问题，以此了解两者融合后对各自产业发展及对当地经济、社会文化、环境等方面带来的影响和效应。

#### 5. 青藏高原多民族聚居区旅游产业与文化产业融合对策

从引导游客文化旅游需求、加强企业合作、提升政府支持、完善文化旅游发展环境等方面对青藏高原多民族聚居区旅游产业与文化产业融合发展提出一些对策和建议，促使青藏高原多民族聚居区旅游产业与文化产业的融合得到更好发展。

### （二）研究重难点

（1）如何将青藏高原多民族聚居区的民族文化产业与旅游产业融合进行系统、整体、综合的研究成为本课题研究的一个重、难点问题。

（2）青藏高原多民族聚居区旅游产业与文化产业融合的途径寻找。在青藏高原多民族聚居区，哪些因素影响着旅游与文化产业的融合？哪些途径是主要的，哪些途径是次要的？这些问题成为本课题研究的一个重点。

（3）青藏高原多民族聚居区旅游产业与文化产业是否融合，融合到什么样的程度，即两者融合度的测算成为本课题的研究难点。

# 第二章
# 理论基础与国内外研究进展

## 一、相关概念

### （一）产业和产业边界

#### 1. 产业

不同历史时期的不同理论研究中，产业的含义是不同的。在重农主义学派流行时期，产业主要指农业。资本主义工业生产产生后，产业指工业。产业经济学研究中，产业有三个层次：第一层次是以同一商品市场为单位划分的产业；第二层次是以技术、工艺的相似性为依据划分的产业；第三层次是以经济活动的阶段为依据，将国民经济划分为若干部分所形成的产业[4]。

产业也是一个多样化的概念，从不同的角度出发，“产业”的定义各不相同。芮明杰（2005）从产品、生产和产业主体三个不同的角度对产业概念做了表述：从产品的角度看，产业是同类产品及其可替代产品的集合；从生产的角度看，产业是同类产品及其可替代产品的生产活动的集合；从产业主体的角度看，产业是生产经营同类产品及其可替代产品的生产活动的集合[5]。王述英等（2006）则认为产业可以从产业组织和产业结构两个层面理解：产业组织层面上，产业是指“生产同类或有密切替代关系的产品、服务的企业集合”；从产业结构、产业关联和产业集群层面上，产业可界定为“具有使用相同原材料、相同工艺技术或生产产品用途相同的企业集合”[6]。

关于产业的定义还可以从广义与狭义角度进行理解。广义上，产业是指由“企业组织生产”和“消费者进行消费”两方面所构成的一个系统。广义的定义强调企业产品或服务的市场竞争关系。狭义的定义则是从企业或生产者的角度来界定的。本书对产业的概念界定从宽，既可指狭义的具体产业、行业，也可以指广义的一、二、三产业。

**2. 产业边界**

在传统产业经济理论中，产业边界是一个隐含性的概念，一直都没被明确提出过。为了确定产业边界，以对产业进行分类，部分学者在这些隐含性概念的基础上，提出了“同质性”原则。这一原则的提出是建立在四个限制性假定的基础上：第一，没有替代性技术，即一类产品只能由一个产业生产，不能由其他产业生产；第二，一类产品不能由多个产业联合生产；第三，一类产品只允许对应一个特定的产业运作平台和环境；第四，一类产品与另一类产品不具有交叉市场，它们是非竞争关系。这四个假定之间存在着一定的递进关系，即后两个假定是由前两个假定引申而来。

综合分析上述四个假定，周振华教授指出这四个限制性假定条件，事实上是确定一个产业边界的问题，即一个产业边界可以从以下四个方面确定：第一，技术边界，每一个产业都有一个特定的技术手段和工艺程序，并以此为基础生产同一类产品；第二，业务边界，每一个产业都有自身独特的价值链，通过特定的投入产出方式向市场提供产业或服务；第三，运作边界，每一个产业的生产活动都在特定的产业平台上，并且具有相应的配套条件；第四，市场边界，每一个产业的交易都具有特定的环节与流转方式，并在一个特定的市场上完成。

综上所述，四个层次的产业边界也是相互影响、相互关联的。其中，技术边界处于核心位置，是产业边界形成的关键，在产业融合中也起到核心作用；伴随着技术边界的消失，原有产业的业务边界、运作边界和市场边界也逐渐变得模糊，久而久之，原有的产业边界间会发生交叉融合，促使产业融合的产生。

## （二）文化和文化产业

### 1. 文化

文化的概念，历经漫长的历史发展过程，至今有不同的说法。在国外，“文化”一词源于英语的 Culture，该词的意思就是种植和培育。英国人类学家泰勒，在其 1871 年出版的经典著作《原始文化》一书中认为“文化就是生活在社会上的成员所获得的一种能力或者是一种习惯”[7]这个定义比较经典，虽然大家对其各有看法，但大部分学者还是比较认同这一说法。

在中国，学者们对文化的定义也没有一个统一的说法，《中国大百科全书》哲学卷的定义是：“总括人类的物质生产和精神生产的能力、物质的和精神的全部产品。”《辞海》中对文化的理解，把文化分为广义说和狭义说。广义说指的是每个民族创造的所有文明成果。狭义说是指广义文化中属于精神财富的那一部分，包括政治思想、哲学、思维方式、宗教、社会伦理道德、民俗风情、艺术科学技术等。简言之，文化是相对于自然而存在的，在人类社会发展中，由各民族群众创造的所有文明成果都应该归属于文化。并且文化不是一成不变的，而是不断积累、不断变化、不断创新的，促使文化不断萌生。具体来说，文化是一个由物质文化、精神文化、制度文化构成的复杂统一体。

本书所说的文化，不是指文化的狭义说，而是指文化的广义说，即人类在社会历史发展进程中所创造的一切财富，包括物质文化、精神文化以及社会文化。

### 2. 文化产业

文化产业是一种特殊的经济形态和文化形态，业界学者们对于文化产业的概念到现在也没有达成共识，国际和国内对文化产业的界定有着不一样的理解和认识。

1997 年，欧盟组织认为文化产业就是指“具有文化含义和文化内容的活动”，这些活动主要包括音乐上的创作、网络、新闻出版、文学艺术、广播娱乐、文艺演出、摄影、体育等方面的活动。美国在其出台的“北美行业分类系统”中也把文化产业的概念进行了界定，认为文化产业体系主要包括信息、通讯、影视、新闻出版这四大类别[8]。联合国教科文组织（UNESCO）也对文化产业进行了界定和定义，“认为人们运用的无形的文化内容是会受到法律的保护，那些生产、创作的活动都是与文化相关的内容”[9]。

截至目前，人们对国内文化产业的认识大多是依据 2004 年国家统计局颁布的《文化及相关产业分类》。在这个文件中，把向人们提供的文化、娱乐产品和服务的活动称为文化产业[10]。而且，在这个文件中，认为文化产业可以分为核心层、外围层和相关文化产业层三大类。鉴于本书的研究目的，本书中把为广大人民群众提供文化、娱乐产品和服务的行业界定为文化产业的概念。

### （三）旅游和旅游产业

#### 1. 旅游

关于旅游的定义，国际上有很多不同的版本，国内学术界也存在一些争议。1927 年，德国学者蒙根·罗特出版的《国家科学词典》中认为旅游就是为了人们满足生活或文化的愿望和需求，离开自己的常住地，逗留在异地的人的交往活动。1991 年，世界旅游组织（WTO）在加拿大渥太华召开的国际旅游大会上，把人们出于消遣、商业和其他目的离开自己的惯常环境去异地逗留连续不超过一年的活动称为旅游。国内较有代表的几个定义有：谢彦君认为“旅游是人们利用余暇在异地获得的一次休闲体验”[11]；马耀峰等认为“旅游是人的一种自我完善与发展的自觉活动或经历，其目的是追求愉悦”[12]；张凌云认为“旅游是人们对于惯常的生活环境或熟悉的人地关系与人际关系的异化体验”[13]等。从以上可以看出，关于旅游的定义众说纷纭，但总体上可看出每个定义的共同性：第一，旅游的暂时性，强调旅游在时间上是暂时的，不是长期的；第二，旅游的异地性，旅游就是离开自己的常住地去另外一个地方；第三，旅游的非就业性，旅游是将从事任何以赚钱为目的的活动排除出去，这些活动不属于旅游的范围；第四，旅游的综合性，不仅包括旅游者的活动，还包括旅游企业、当地居民等的活动。

笔者认为，“旅游”这个词应该具有两种属性，即旅游的动词属性和名词属性。从很多学者对旅游的定义可知，旅游是一种活动，旅游的动词属性已经得到学术界的一致认可。其实旅游除了具有动词属性之外，还具有名词属性，这一点可以从翻译中使用最多的英文单词“tourism”一词是名词中得到证实。因此，归纳起来，笔者认为旅游是一种现象、行为方式和过程。而且本书中的旅游主要从其经济性去谈旅游与文化的融合。

**2. 旅游产业**

目前旅游界在针对旅游产业的问题上，存在着很多争议。有些学者认为旅游业就是一个产业。但是有些学者不以为然，认为旅游业不是一个产业，它只是一个行业而已，直到现在学者们也没有在旅游业到底是不是产业这个问题上达成一致。

国外学者中，大部分人反对旅游业是一个产业的说法。戴维森（Gaines Brian R.，1998）认为：旅游业不是一个产业，因为在向旅游者提供一系列旅游产品的过程中，它的产品并不是由一个行业来提供，而是由很多个行业来共同完成和提供的。因此，从戴维森的观点我们可以看出，他所指的旅游业不是一个产业，充其量算是一系列行业的集合。戴维森认为把旅游业当作一个产业是不对的，因为它就不是一个产业，更像一个部门[14]。

国内学者中，也有部分人反对旅游业是一个产业，他们认为，旅游业就不符合传统产业的标准和要求。但也有一些人认为旅游业就是一个产业。马波（1999）指出，旅游业就是一种国民消费的产业[15]。张辉（2005）认为，旅游产业是一项产业，它就是围绕着旅游活动而展开的，最终就是为旅游活动提供服务的行业或者是企业，这些都算作旅游产业的内容[16]。

针对本书研究的问题，本书认为旅游产业就是一项产业，而且它是一项综合性的产业。旅游产业就是围绕旅游活动而形成的，只要是为旅游者或旅游活动提供产品或服务的行业、企业的集合，都属于旅游产业的概念和范畴。

### （四）文化旅游产业和产业融合

#### 1. 文化旅游产业

文化旅游产业是文化产业和旅游产业融合发展的结果，因此它既有旅游产业的特点又具有文化产业的相关优势，是文化资源和旅游经济的融合发展，二者相互影响、相互促进。

从文化产业和旅游产业相互渗透、相互融合后所显现出的特征来看，基本具有了新兴产业特征，故可称之为文化旅游产业。文化旅游产业是一种特殊的综合性产业，因其关联性高、涉及面广、辐射性强、带动性强而成为当代经济社会发展中最具活力的新兴产业。它是文化旅游内容的产业化、商业化、规模化，是与文化旅游活动相关的产品生产与经营的产业化，是由人文旅游资源所开发出来的旅游产业，是为满足人们的文化旅游消费需求而产生的一部分旅游产业，它不仅是食、住、行、游、购、娱各方面相关产业的结合，还联系着文化产业，内容更丰富，涉及面更广，其目的就是提高人民群众的生活质量。

#### 2. 产业融合

国内外学者对产业融合的理解是不同的，各自都有着自己的见解。罗森伯格（Rosenberg，1963）认为技术扩散导致产业融合[17]。Greenstein 和 Khanna（1997）认为数字技术的融合就是产业融合[18]。Gaines（1998）认为产业融合就是新技术不断替代旧技术的过程[19]。Stieghitz（2003）认为产品的融合就是产业融合[20]。Lind 认为市场融合就是产业融合[21]。欧洲委员会的“绿皮书”（Green Paper）认为产业融合就是技术融合、市场融合和产业间的合作和联盟[22]。日本学者植草益（2001）认为导致产业融合现象发生的原因是技术的创新和管制的放松[23]。国内学者周振华（2002）认为“由于数字的融合，导致产业边界逐渐模糊，从而出现产业融合的现象”[24]。马健认为产业之间的边界逐渐模糊，是由于技术的进步和政府的放松管制导致的，从而出现了新的产业的这种现象称为产业融合[25]。厉无畏认为产业融合是指产业内部或不同产业之间相互作用、相互影响、相互渗透，而形成新的产业的过程[26]。胡永佳（2008）认为产业融合就是产业间分工内部化的结果[27]。

根据产业融合概念的提出、发展过程和现实实践，本书认为产业融合是产业分工内部化的过程和结果，产业融合的过程实质就是行业间相互渗透、相互交叉，最终融为一体，逐步形成新产业的动态发展过程。

### （五）旅游产业与文化产业融合概念

从现有词典中来看，对于融合的界定主要是从多个要素运动的结果来定义的。融合是指几种不同的事物合为一体，或者是更多要素的汇合，或者是几个事物朝着同一个方向运动[28]。换句话说，融合就是不同要素或事物向同一个方向共同演进而形成一个要素或新事物的过程。通过进一步的分析，我们可以看出这个定义中没有说清楚为什么不同要素会朝着同一个方向运动及运动过程的特征等。如外部出现技术或制度的创新等因素给系统带来了不可避免的影响，促使系统内部要素主动或被动地进行调整，从而降低外部环境的变化对自身的负面影响和不良后果，在这个过程中，企业有可能会接受采用这种外部因素的影响，也有可能会拒绝采用。因此，融合的起因就在于新奇和创新，它们的产生、扩散或者不同系统共享相似的创新成果使多个事物朝着同一个方向运动。

现在更多学者把融合这个概念运用到产业经济系统中去，用融合概念来定义产业发展过程中不同要素向同一方向运动的经济现象。这个概念更多地体现在通信、信息、网络当中。Gaines（1998）认为：融合是指以前的技术不断地被新技术替代的过程[19]；Fransman（2000）认为：融合是指计算机、电信和媒体等产业边界的模糊化；融合是指通信系统提供商所传输或提供的竞争性产品与服务也有可能被其他的网络服务所传输或提供[29]；European Commission（1997）指出：融合是指不同网络平台提供相似种类服务的能力或是将电脑、电视和电话等消费品合而为一等[30]。总之，这些概念都是用来描述产业系统中某一系统的构成要素向同一个方向运动的结果，都不能完全正确地界定融合的内涵和外延。

综上所述，本书所讲的融合就是指创新的出现使得不同要素主体相互作用、相互影响，从而促使不同要素向同一方向汇合或运动的过程与结果。相互作用、相互影响的过程就是要素创新并且对其进行重新组合的过程，因此，从这个意义上来看，融合的本质就是创新。那么，综合国内外学者的研究，本书认为旅游产业与文化产业的融合就是指在政府、科学技术、企业及市场的推动下，文化产业与旅游产业相互补充、相互渗透，从而促使旅游产业和文化产业向同一方向汇合或运动，逐步形成新产品或新产业的过程与结果。从这个定义上可以得知，文化产业和旅游产业朝着同一方向最后汇合或运动的结果就是文化旅游产业的产生和发展，标志着新事物、新要素的产生，从而也体现了旅游产业与文化产业融合创新的结果。

## 二、理论基础

### （一）旅游体验理论

在旅游学科中，旅游体验理论是核心的基础理论之一，它研究的是旅游者在旅游过程中通过互动和体验，所获得的旅游经历、消费体验及旅游过程中主客体之间的关系、作用等。从旅游学科的发展来看，旅游者是最重要的因素，旅游者的体验结果，是衡量旅游者旅游水平、质量，评价旅游产品特点和旅游目的地优势的重要标准。旅游发展初期阶段，旅游关注的是规模性、便利性、安全性和标准化的操作，但随着旅游者需求的不断改变和旅游产业的大力发展，特别是后工业社会的来临，旅游强调人们对产品或服务的参与。

在体验经济的时代，旅游者的需求层次发生了变化，开始逐渐追求自我的实现和发展，并表现出向体验和情感因素的转移，使经济由过去的传统理性转变为快乐性。为此，未来学家托夫勒在其著作《未来的冲击》一书中提到“体验产业会成为未来经济发展的支柱”[31]。派恩和吉尔默（1998、1999）合写的《欢迎进入体验经济》和《体验经济》，使人们开始真正关注体验经济时代的到来，书中将体验经济界定为“是以提供体验产品作为主要经济产品的形态”[32]。

从经济发展的角度来说，任何一个产业的发展必然会从粗放型向集约型转变，其最直接的表现就是不断细分目标市场。随着不断地发展，旅游产业也逐渐进入体验经济时代的范围。在旅游产业上，客源市场和目的地市场得到不断地细分，旅游者开始越来越关注对旅游产品的体验与参与，注重旅游经历的难忘性、特殊性和稀缺性。由此可见，正是体验经济时代的到来，促使另类文化消费和旅游个性消费的出现。而旅游产业与文化产业的融合发展、文化旅游产品的出现正是顺应了这种体验经济的潮流，为旅游者提供了更多的体验互动项目，销售独特、难忘的旅游产品，适应个性化游客的需求，旅游产业发展进入一个新的阶段。

### （二）产业融合理论

产业融合发展最早、最快、最成熟的领域是信息通信业。随着社会的发展和变化，它不仅只涉及信息通信业中，还涉及其他部门和领域中去，出现了产业大融合的趋势，产业融合现象随处可见。国内外对产业融合的研究虽然很丰富，但仅限于现象分析，理论上的分析还未成形，没有引起学者们对产业融合理论的高度关注。纵览研究文献，可知产业融合理论研究大致涉及对产业融合内涵、特征、类型、动因、路径、效应、机制等方面的研究。

产业融合发生在工业革命之后，是社会经济发展到一定阶段的产物。许多学者最初提出的产业融合的内涵是以技术进步为基础和前提条件的，这是因为与产业融合出现在信息化社会的背景有关系，但是我们也能感觉到在有些领域，技术不是起着最关键的作用，它只是起着催化剂的作用，这些领域的融合发展不全是科学技术的进步导致的结果。而且，我们也看到虽然国内外很多专家、学者都在研究产业融合的相关问题，而且研究成果也比较丰硕，但还是处在研究的起步阶段，研究的理论问题不够深入，不能很好地去指导实践，甚至有些学者还是把产业融合的研究局限在信息化时代的背景中去研究，只谈产业融合的表面现象，不去深入分析和探讨产业融合的实质，也就根本上解决不了产业融合的内在问题。产业融合理论是旅游产业和文化产业融合发展最有力的理论支撑，在本课题的研究分析中，可借鉴产业融合理论，对旅游产业与文化产业的融合发展进行深入分析和研究。

### （三）系统理论

今天所谈到的“系统”一词最早出现于古希腊语中，原意就是指事物中的每一部分，相互联系共同组成整体，实际上就是部分组成的整体。系统论是由美籍奥地利理论生物学家冯·贝塔朗菲在20世纪40年代提出的，他将系统定义为“系统是互相作用的诸要素的综合体”[33]。后来系统理论经哈肯、艾根、普利高津等人加以发展。国内学者也分别从不同学科和不同角度对系统下了定义，我国系统科学界对系统的通用定义是：系统是由相互作用和相互依靠的若干组成部分（要素）结合而成的、具有特定功能的有机体[34]。无论怎样，我们都能从中看出，系统论的核心思想就是系统的整体概念，即系统是一个有机的整体，这个整体并不是各个部分简单地加和组成的，系统中的每个要素相互联系、相互作用，共同构成一个不可分割的整体[35]，因此，我们需要充分考虑整体和各个要素之间的关系，才能了解整体和部分的特性。系统具有整体性、层次性、集合性、关联性和目的性等特征，而且每个系统都具有特定的结构和功能[35]，结构就是系统内部各个要素间的关联、差异、统一等种种关系的组合，功能就是系统内外部表现出来的特征、功效、能力和性质。1998 年，Jafari 明确提出，在研究旅游或旅游业时，可以把它当作一个整体，或者是一个系统来看待[36]。提出把旅游当作系统来对待，实际上是符合系统论的观点的，因为旅游活动是一个大的系统，在这个系统里，组成系统的要素之间相互联系、相互影响、相互关联，共同构成旅游这个大的整体或系统。国内学者杨振之、吴必虎等从不同角度提出各自的模型，认为系统论对旅游研究来说是一种非常重要的方法，可以运用系统论去解决实际问题。

系统理论把研究对象或事物看作一个具有相互关联的系统，分析系统内部各个要素之间的结构和功能，并研究系统整体、系统内各要素及系统外部环境三者的相互关系和变动的规律原理。本书在研究中，从系统论角度出发，可以把旅游产业与文化产业的融合看作一个系统。因此，从这个意义上来说，系统论的运用对研究文化与旅游融合途径及其效应具有重要的指导意义。

### （四）创新理论

创新是一个非常宽泛的概念，它可以适用于很多领域。创新理论最早是由著名经济学家熊彼特（Joseph Schumpeter）于 1921 年在其著作《经济发展理论》中提出。熊彼特认为，所谓创新就是要“建立一种新的生产函数”，即“生产要素的重新分配与组合”[37]，实质上创新就是对旧的要素的毁灭和破坏。熊彼特的创新理论研究中，把创新思想引用到企业生产中去，创新成为企业提高竞争力的核心条件。企业的创新中也存在风险，如果创新成功，自然就得到了很大的回报。一般来说，科技发展和市场发展推动着创新的出现，在创新过程中，企业是创新的主体，如果创新不能够改变企业的发展概况，则会影响到产业的创新。因此，对于企业和产业来说，要想在竞争中获得优势，实现可持续发展，就必须想办法不断创新，因为创新是企业和产业发展的主要动力之一，企业、产业发展与创新的关系密不可分。

实践证明，如果旅游业不能够按照旅游者的需求变化推陈出新，就无法满足旅游者日益增长的旅游需求，那旅游企业必定会受到消费市场的冷落，发展变得缓慢，甚至无法继续生存和发展。因此，在这种情况下，旅游企业应该坚持推陈出新，实施产业创新战略，不断开发旅游新产品，来满足游客的需求，更好地实现旅游产业转型升级和经济发展方式的转变。

然而，旅游创新需要依赖文化产业，而文化产业也为旅游创新带来了新的发展动力，二者相互作用、相互影响、相互促进、相互融合，共同推动着文化旅游产业的发展。熊彼特创新理论的创新思想，对于研究文化与旅游的融合发展具有非常重要的启示意义和作用。文化旅游产业是旅游产业和文化产业之间相互渗透、相互交叉而产生的一种现象，从本质上说实际是一种产业创新。可以说，创新理论是文化产业和旅游产业融合发展的一个最有力的理论支撑，其创新理念，对于旅游产业与文化产业融合发展的内涵、本质及途径等提供了新的启示和发展思路。

### （五）产业关联理论

产业关联的理论与方法是由美国经济学家列昂惕夫于20世纪30年代提出来的。在社会发展中，产业是经济系统中的一个体系，而产业与产业之间也存在复杂的关系，这些关系对产业自身发展来说也很重要，对整个产业体系、经济体系的发展和演变也是很重要的。产业关联实际上指的是产业之间的联系，是以产业之间的投入与产出的关系来进行分析。

产业关联的基本纽带有两条：一条是投资，一个产业的发展可以依赖于另外一个产业的发展，同时也有可能一个产业的发展会导致另外一些产业的发展，这种产业之间的关联效应是普遍存在的，从而也使产业之间存在投资的关系；另一条是产业之间的供需联系或关系，在一般的经济活动中，其他产业都可以为各产业提供各种产出，以此作为各个产业的要素供给，同时，各个产业也可以为其他产业提供自己的产出，供其他产业消费。正是由于这些错综复杂的需求与供给的关系，才使各个产业在社会经济活动中得以生存和发展。

从严格意义上来讲，旅游产业并不是一个单独的产业，从一些分类上来看，国内外大部分研究把旅游产业归纳到文化产业中，但是旅游产业与文化产业的其他行业之间也是不同的，不同于体育、博览、影视等文化活动，因此，从产业关联的角度来看，旅游产业与文化产业之间是相互关联、相互影响、相互作用的。和旅游相关的文化部门主要有：影视、会展业、文化艺术业、体育、动漫、新闻出版、广播电视电影音像业、娱乐业、演艺业、文化商品等，这些部门的发展状况影响着旅游产业的发展。本书的研究分析中，可以借鉴这一产业关联理论来对旅游产业与文化产业的融合发展进行分析和研究。

## 三、国内外研究进展及评述

### （一）产业融合研究进展及评述

#### 1. 国外产业融合研究

国外的产业融合研究是从技术角度开始的，为了方便对产业融合的全面认识，有必要对国外产业融合研究的发展历程和研究角度做一梳理。

（1）产业融合概念

国外产业融合的思想最早源于罗森伯格（Rosenberg，1963）对美国机械工具业演化的研究，他认为产业融合就是技术扩散的结果[17]。欧洲委员会的“绿皮书”（Green Paper）认为产业融合就是技术融合、市场融合和产业间的合作和联盟[22]。Malhotra（2001）认为产业融合是指过去各自独立的产业之间的企业成为相互的竞争对手时所产生的产业行为[38]。

（2）产业融合类型

格林斯腾和卡恩纳较早就提出产业融合包含替代式融合和补充式融合两种

模式[39]。M. 派宁斯（Pennings）和普罗纳姆（Puranam）认为产业融合的类型有补充融合、替代融合、供应方融合和需求方融合[40]。Greenstein 和 Tarun（1997）认为生产融合、采购融合和分销融合是产业融合的三种类型[41]。Malhotra（2001）则认为产业融合包含供给方融合和需求方融合两种类型[38]。

（3）产业融合的过程

产业融合的过程不是一蹴而就的，需要经历不同的阶段才能形成。Stieghitz（2003）认为产业融合的过程有三个阶段：第一阶段是技术融合；第二阶段是业务与管理的融合；第三阶段是市场融合[20]。Salvatore 和 Alfonso 认为，产业融合有技术融合、管理融合和市场融合三个阶段，而且这三个阶段相互促进、相互协调，缺一不可[42]。Collis 认为产业融合的过程可以分为生产融合、采购融合、分销融合三个阶段，而且一个环节发生融合会导致其他环节也会产生融合[43]。

（4）产业融合动因

关于产业融合的动因，国外学者有两因素说、多因素说等多种说法。Lei（2000）认为产业融合的结果主要是技术的创新和驱动导致的原因[44]。美国学者 Yoffie（1997）认为政府放松规制、技术发展、管理创新是产业融合的三个主要动力[45]。Gillwald（2003）指出：经济动因、数字通信网络、管制等要素组成了产业融合的动因[46]。

（5）产业融合的效应

国外学者对于产业融合的影响研究大多集中于产业融合对企业战略管理的影响上。Broring 和 Stefanie 以营养保健食品业和产业融合为例，分析了产业融合对企业的战略管理方面起到了一定的作用，造成了一定的影响[47]。日本学者植草益（2001）认为，各行业或企业之间通过放宽限制和技术革新的手段来降低行业之间的壁垒，从而加强各企业间的竞争合作关系，最终达到产业融合[23]。所以，随着政府对产业限制政策的逐步放宽，也就推进了产业融合的进程。

**2. 国内产业融合研究**

（1）产业融合的概念

国内学者余东华（2005）认为产业融合就是产业组织结构变迁的动态过程[48]。胡金星（2007）认为由于创意的出现与扩散，不同产业之间相互协作、竞争而形成新产业的过程就是产业融合[49]。李美云（2008）认为产业之间相互影响、相互作用而引起产业边界模糊的情形可称为产业融合[50]。

（2）产业融合的类型

张磊（2001）提出产业融合的两种类型是互补型和替代型融合[51]。马健（2003）提出产业融合分为部分融合、完全融合和虚假融合[52]。胡汉辉、邢华（2003）认为产业融合的三种类型分别是：渗透型、交叉型和重组型[53]。厉无畏认为产业融合有三种类型：一是产业内部的融合；二是产业之间的延伸融合；三是高新技术对其他产业的渗透融合[26]。于刃刚（2006）认为产业融合包括全面融合和部分融合两种类型[54]。芮明杰从系统角度分类，认为产业融合分为结构融合和功能融合[55]。胡永佳认为，横向融合、纵向融合和混合融合是产业融合的三种类型[56]。

（3）产业融合的动因

张磊（2001）认为产业融合的三个主要动力是政府放松管制、数字通信技术和管理创新[51]。于刃刚（2006）认为，政策管制放松、技术创新、企业跨产业并购和组建战略联盟是推动产业融合的三个主要动力[54]。陈柳钦（2007）认为产业融合的主要动因是放松管制、技术创新、竞争合作的压力和跨国公司的发展[57]。厉无畏认为，产业融合的动因是产业之间的关联性、产业创新、技术革新对效益最大化的追求[26]。

（4）产业融合的过程

邢华和胡汉辉认为产业渗透、产业交叉、产业重组是产业融合的三个过程和阶段[53]。李世新和何立胜认为产业融合的发展过程中有产业的退化、萎缩和消失等现象[58]。

（5）产业融合的影响

周振华（2003）认为产业融合使传统产业的边界模糊化，产生了更大的经济效应[59]。余东华（2005）认为，产业融合在企业经济效益提升、产业结构优化、经济增长等方面发挥了重要的作用[48]。陈柳钦认为产业融合有六大效应：一是组织性结构效应；二是竞争性结构效应；三是消费能力效应；四是创新性优化效应；五是推动区域一体化的效应；六是推动产业竞争力提升的效应[60]。何立胜、李世新（2004）认为产业融合有利于提升产业间的竞争力[58]。

**3. 研究述评**

通过对有关产业融合的文献分析，发现国内外学者对产业融合的研究主要是从产业融合的概念、类型、过程、动因、影响等几个方面研究分析的。但是，国内外学者对产业融合的研究还存在一些不足之处，因此，笔者从以下几个方面去评述产业融合方面的研究。

（1）就目前已有的研究成果来看，主要是从产业边界、产品、技术等角度来研究产业融合的内涵，对产业融合的主体、客体、本质等研究得还不够深入。因此，今后要对产业融合的内涵和实质进行进一步研究，对其本质要界定清晰，认识到位。

（2）现有研究往往是从技术或分工角度来进行研究，而背后实质往往是产品创新和产业链问题，停留在技术层面和分工层面是很难把握产业融合的内在机制的。因此，研究应该从演化理论、产品创新理论、系统理论等更深层次的因素出发。

（3）国内和国外在产业融合的研究上，同样表现出：学者们越来越感兴趣并形成旅游研究热点；相关问题如概念、理论体系尚处于探索阶段，没有形成统一、系统的学术共识；国外一些概念的不恰当应用也影响到了国内相关研究，因此，对文化与旅游的研究还有待加强和深化。

（4）国内外对产业融合的研究大都采用传统的产业经济学分析方法和范

式，研究方法多为定性分析，主要以描述性为主，定量的分析方法用得很少，更不用说将定性和定量结合起来去研究和分析，其方法的适用性有一定局限。如果采用数学模型和实证研究的方法，就可弥补单纯采用产业经济方法的缺陷，可以更加深入地研究产业融合过程中，不同要素之间的相关性。

（5）国内外学者对产业融合的研究已广泛涉及融合的概念、动因、背景、意义、影响、管理政策等方面，国内学者虽比国外学者研究起步晚，但也取得了一定的研究成果，可是总体上研究呈现出分散性和应对性特征，对一些理论缺乏深化、系统的研究，因而也就没有形成产业融合研究的一般性理论框架。研究之间的融合性不够，对于融合的规律性和系统性研究还不够。因此，今后的研究应该突破对信息通信业领域的研究，更多从旅游、文化、创意等服务产业融合方面研究，从而拓展产业融合的研究内容。

（6）目前产业融合的研究更多是从宏观角度去谈，而结合具体产业对其规律进行研究的成果较少，因此，未来对产业融合的理论研究，应该更多从产业具体实践出发，结合产业融合发展阶段和发展现实才能更好地解释现象和指导实践。

### （二）旅游产业与文化产业融合研究进展及评述

#### 1. 国外旅游产业与文化产业融合研究进展

（1）旅游产业融合研究进展

通过文献检索，我们发现国外学者研究中对旅游产业融合的概念还没有给出明确的界定。在国外旅游产业融合研究内容上，很多学者牵扯到了对文物遗产旅游的研究。Chang，et al.（1996）认为城市文物遗产旅游的发展，通常受两个主要因素的影响：一个是全球的因素推动城市旅游的发展；另一个是当地的因素也对城市文物遗产旅游的发展具有重要的作用[61]。Brian，et al.（2000）研究和探讨了影响文化旅游发展的因素，认为旅游收入、文物管理机构等相关因素是造成文化遗产旅游可持续发展的重要原因[62]。Apostolakis

（2003）在阐述和分析文物遗产旅游的供给、需求、理论的基础上，认为作为现代营销工具的角色对遗产旅游形象的定位与宣传起着至关重要的作用[63]。Ballesteros，et al.（2007）以西班牙南部的4个采矿区遗产旅游为例，强调了社会身份对文物旅游的发展具有非常重要的影响，尤其是对社区中有特色的文物旅游的影响更具有深远意义[64]。Miguel Vidal Gonzalez（2008）讨论了非物质文化遗产旅游与个人身份之间的关系[65]。David B. Weaver（2011）以美国拉斯维加斯和澳大利亚黄金海岸线为例，认为博物馆、纪念旅游、原来保存的酒店及保存的旅游带是四类现代旅游遗产，以此论述了文化遗产的真实性[66]。Yi Wang、Bill Bramwell（2012）以杭州西湖为例，认为在文物保护、文化遗产保护、旅游发展政策等方面，政府发挥了一定的作用[67]。

还有一些学者关注旅游产业融合与政府管制的关系。对于产业融合而言，正是由于政府管制的放松促进了产业之间的融合，所以研究政府管制对产业融合具有重要的意义和作用。尤其是在新时代下，对政府行为的要求更具有深远意义。因此，许多学者对政府管制进行了研究，并取得了大量的成果。Egon Smeral（1998）认为在全球化发展下，政府应该对企业进行政策支持，政府可以通过实施有效的管理、网络技术去满足游客需求，提高企业收入，减轻旅游企业压力[68]。Blackman（1998）认为，电信和其他产业间的融合产生了很多积极的效应，如融合之后使可供选择的网络增多、享有丰富的网络资源和信息、降低了交易成本、提高了市场的竞争力等，所有这些效应的发挥都是基于在一个适应信息市场的新的规制框架下所产生的[69]。Mitchell（2000）指出收缩对先行领域的管制和保持高度灵活的管制政策是产业融合时代实施管制的两条重要原则[70]。Heesvelde（2000）指出，管制者的任务就是保护企业和消费者的利益、促进企业变革、创造公平的消费环境、提供消费者购买和选择的权利等，认为现代化的管制框架是保证政策实施的关键要素[71]。Robert Maitland（2006）提出政府在旅游行业管理中首要考虑的问题应该是地方制度、当地因素、社区政策等策略，这些策略直接影响着政府对旅游行业的管理[72]。

Tommy D. Andersson 、Donald Getz（2009）讨论和分析了节庆旅游与政府政策、管理之间的关系[73]。

Greg Richards、Julie Wilson（2006）从供给和需求的角度出发，去研究和探讨文化创意旅游的发展。文化创意旅游要突破传统的发展模式，不断更新和开发旅游新产品，积极应对挑战，才能使原本埋没的文化旅游市场能够重新展现，成为人们关注的市场[74]。J.A. Cousins（2007）侧重研究专业的生态旅游市场，以英国为例，认为生态旅游资源的保护需要志愿者的参与，通过为公众举办参与生态旅游的公益活动，加强对旅游产业的保护和发展[75]。Adam Weaver（2011）认为旅游产业与军工企业之间相互联系、相互作用、相辅相成，市场的力量推动了两者的融合，认为军工业和旅游业的融合对双方都有利可图，有利于两者的共同发展[76]。Joanne Connell（2012）认为影视旅游已成为一个日益增长的行业，是许多旅游目的地想要发展的产业，其文章突破传统研究，从一个新的角度去研究影视和旅游的融合，有助于影视和旅游业的共同发展[77]。Gunjan Saxena、Brian Ilbery（2010）以英国威尔斯边区的落后农村为例，探讨农村旅游资源对于发展旅游业的重要性，提出了在农村局部地区可以发展乡村旅游[78]。

亦有学者关注旅游产业融合对企业战略管理的影响。Estabrooks（1994）介绍了通信业、金融业、旅游业等行业的许多企业为了应对出现的各种规制事件和技术，而不断调整战略去适应产业融合的情形[79]。Hagel III（1996）考察了旅游网站价值链的融合问题[80]。Dimitrios（1997）认为，信息技术对于旅游业来说是非常重要的，正是信息技术提升了企业战略和业务的管理，其进一步提出旅游业要想在市场中赢得竞争和胜利，就要积极利用信息技术和战略管理来发展，以此提高旅游业的竞争力和实力，旅游业才能获得更好的发展[81]。Dimitrios Buhalis（1998）认为在旅游行业管理、竞争力提高方面，信息技术发挥了重要的作用[82]。Kaluza（1999）等认为数字融合对旅游企业战略管理具有重要的作用和意义[83]。Broring 和 Stefanic（2003）以营养保健食品业和旅游业的产业融合为例，分析了产业融合对不同产业背景的企业战略管理的影响[84]。陈惠美（2005）等通过评估和分析信用卡发卡银行与旅游业的营销联盟绩效，发现两者之间是有关系的，而且还发现了影响两者之间关系的主要因素是拥有的资源和相互利用的关系。另外，还提出了两者联盟的主要动机就是企业形象的提升、营销渠道的多元化、企业成本的降低和企业成果的增加等[85]。Tang，et al.（2009）分析了航空、博彩、酒店和餐饮与美国国内生产总值的关系，从研究结果可以看出，企业要想获得业务投资的最佳时机，可以从相关行业之间存在的因果关系和时间先后的安排来获得资源的分配和业务的投资[86]。Dimitrios Buhalis、Rob Law（2008）认为互联网技术推动着旅游业的发展[87]。Arja Lemmetyinen 、Frank M. Go（2009）采用个案研究法和深入访谈法，研究了旅游商务网络的价值链体系，认为协调合作活动是旅游企业网络的一个先决条件[88]。Cesar Camison、Vicente M. Monfort-Mir（2012）认为技术、组织、创新能力对旅游产业融合的产生、发展起着非常重要的作用[89]。

（2）旅游产业和文化产业融合研究进展

从国外文献研究来看，文化产业和旅游产业融合研究极少，而且尚未明确提出“文化产业和旅游产业融合”这一概念。主要是从文化旅游的角度去研究和探讨文化与旅游的发展，具体集中在以下几个方面。

①概念研究。目前国外对文化旅游的概念和内容的研究还没有形成统一的认识。Reisinger Y.（1994）指出：文化旅游是一种体验当地文化的旅游形式[90]。Silberberg（1995）认为文化旅游就是人们对当地的历史、居民生产生活方式、文化遗产的观赏和游览活动[91]。Richards（1996）认为文化旅游主要指的是博物馆、历史遗址遗迹、演艺节目等[92]。Walle（1996）探讨了文化旅游与思想形态之间的问题，认为文化旅游者可通过游览或考察游客的方式进行有关旅游的研究[93]。Stebbins，Robert A.（1996）认为游客进行文化旅游活动的目的就是对异地文化的追求和体验[94]。Daniel（1996）以海地和古巴为例，分析了舞蹈表演形式，认为在旅游背景下也得保持舞蹈表演的原真性和创

造性[95]。Craik J（1997）把文化旅游定义为通过旅游者的旅游活动，使旅游者能够有机会进入到其他地方去了解当地居民的生活和文化[96]。Kaley（2004）以加拿大渥太华音乐遗产旅游为例，研究了音乐遗产旅游的合理性和意义[97]。Yi ping Li（2004）以香港遗产旅游地为例，分析了遗产旅游资源的价值、功能、作用和意义[98]。

②旅游目的地文化形象与景观研究。旅游目的地文化形象与景观研究主要包括文化旅游地的文化资源、特征、文化形象及社区居民等。Pitchford（1995）研究了威尔士（Wales）民族主义和民族民俗旅游之间的关系[99]。Timothy（1997）以印度尼西亚著名文化旅游地由亚卡塔（Yogyakarta）购物街为例，认为目前文化旅游市场的非法经营与合法经营的界限由开始的明晰变得模糊了，且不法经营者的行为影响到游客的旅游体验与居民间的关系[100]。Ted（1997）认为文化遗产和博物馆的发展给当地旅游业带来了巨大的商业机会[101]。Cave（2003）研究和分析了当地居民对太平洋岛商业和文化中心等设施反应冷淡[102]。Mckercher（2004）以香港文化旅游为例，研究出在产品、领导、文化、市场营销、体验五个属性中，文化是最受游客欢迎的关键因素[103]。Howard Hughes 和 Danielle Allen（2005）以中欧和东欧国家为对象，认为文化旅游对于国家形象的塑造具有非常重要的作用[104]。

③文化与旅游市场研究。文化与旅游市场研究主要包括旅游者的旅游动机、对文化的感知、旅游者的空间行为、旅游市场的分布、吸引力等。Cohen（1988）认为，旅游文化产品成为旅游目的地传播其当地文化的重要标志，是通过旅游文化产品向旅游者展现当地文化的[105]。Silberberg（1995）讨论了博物馆和遗产地文化旅游之间的关系，认为旅游给博物馆和遗产带来了一定的经济利益[106]。Herbert（1996）认为旅游地发展的重要促进因子是游客对名人遗址遗迹旅游地的感知和期望[107]。Verbeke（1996）以博物馆旅游市场为例，分析了旅游者的旅游动机和行为模式[108]。Moscardo（1999）研究了宗教旅游者问题[109]。Charters（2002）探讨和研究了酒文化旅游者的行为特征，提出

了目的、动机和行为的三维模式[110]。

④文化保护与旅游资源开发研究。对游客及社区居民的访谈和问卷调查、注重社区参与是近年来文化旅游资源及开发研究的关键问题。Nuryanti（1996）认为遗产与旅游之间的矛盾主要体现在居民和游客对遗产的理解、遗产规划方式、遗产营销方式以及遗产旅游与社区相互依存方式四大挑战上[111]。Tufts（1999）以加拿大蒙特利尔（Montreal）为例，说明了有着文化功能的博物馆在当地旅游业发展中起着至关重要的作用，因此，要从财政、技术、劳动和网络等方面加强对博物馆的保护和建设[112]。Besculides（2002）使用利益引导法调查了居住在美国卡罗拉多州（Colorado）的西班牙人和非西班牙人对文化旅游的感知，结果表明西班牙居民由于利益所需对社区的文化氛围表现出更多的关心和保护[113]。Hughes（2002）认为文化与旅游之间不是相互排斥的，而是互惠互利的，应大力发展文化旅游，通过旅游的发展来保护和提升当地文化[114]。Rodrigo de Azeredo Grunewald（2002）认为旅游造成的文化商品化不一定会对当地的文化造成破坏[115]。Russo（2002）认为针对城市遗产地旅游的问题，可以通过产品质量的提升、提高目的地可进入性等方式来解决和缓解[116]。Ondimu（2002）专门考察和调查了肯迪亚的文化旅游，他认为重点要放在保护当地的文化遗产上[117]。

⑤文化与旅游理论、方法研究。Wager（1995）以 Angkor 为例，认为对遗产地进行保护和管理的有效途径是实行分区制和法律保障[118]。Simons（2000）以澳大利亚为例，分析了文化、遗产和国际智力产权之间的关系，认为澳大利亚当地文化乃至文化旅游中法律的作用是最重要的[119]。Median（2003）认为有着玛雅文化遗存的伯利兹城（Belize）的文化旅游发展过程中，文化存在商品化的问题，影响着旅游者的旅游经历[120]。Chhabra（2003）认为遗产旅游的原真性是衡量游客满意度和产品质量的决定性因素[121]。Cano（2004）以墨西哥乡村社区亡灵节为例，认为政府发展文化旅游业的目的就是增加和提高当地的经济收入[122]。Bob McKercher，Pamela S.Y.HO 和 Hilary du Cros（2004）

以香港为例，研究和探讨了文化遗产管理与旅游业之间的关系[123]。Kreesuda Tientong（2008）利用问卷调查、数据分析等相关统计方法，研究穆斯林游客对古兰经的信仰，提出了社区中应加强对伊斯兰教文化的传播和发展[124]。Lumyong（2008）提出了完善基础设施、提升周边环境、促进市场营销、加强社区安全、提高旅游服务水平是促进文化旅游的5个指导方针[125]。Vesna Zabkar（2010）研究和考察了文化的动力与旅游的忠诚之间的关系，认为真实性是其中一个关键的中介因素，并用结构方程模型进行验证，表明文化的真实性会对游客的忠诚度有所影响[126]。Alan Clarke（2010）探讨了遗产资源、文化和旅游三者之间的关系，认为文化与旅游的结合是非常重要的[127]。David A（2010）研究和分析了帕森斯澳大利亚原住居民的文化背景，认为旅游业的快速发展加速了文化商品化的过程和进度[128]。

⑥文化的变迁和旅游的发展研究。Butler（1980）也认为处于旅游目的地的多样性和市场细分的复杂性，使得原有生命周期理论不再合适发展，需要对其进一步地完善和发展[129]。Hughes，Allen，Wasik（2003）研究认为，如果把表演艺术拿来仅用于吸引游客的话，表演艺术有可能会被异化、贬值[130]。Mair（2005）认为，旅游对当地产生的影响不仅是对文化的影响，还与当地的政治、经济、社会和环境有关[131]。Agarwal（2005）则从全球化与地方化互动的角度出发，分析了旅游地文化的变迁[132]。Doug Ramsey（2008）通过对圣伊格纳西奥旅客的调查和研究，挖掘了玛雅文化的内涵，论述了玛雅文化旅游的方式，认为旅游在发展过程中对玛雅文化有正面和负面的影响[133]。Minkyung Park，Patricia A.Stokowsk（2009）以科罗拉多的文化旅游为例，认为当地犯罪率的提升与旅游业的发展并没有太大关系[134]。Joseph E Mbaiwa（2011）运用现代化理论分析得出旅游改变了当地传统的生产和生活方式[135]。

**2. 国内旅游产业与文化产业融合研究进展**

（1）旅游产业融合研究进展

近年来，国内学者对旅游产业融合的研究逐步增多。但总的来说，学者们对旅游产业融合研究的成果较少，主要表现在以下几个问题的研究上。

①概念研究。颜林柯（2005）认为，旅游产业融合就是产业间相互渗透、相互交叉形成新产业的过程[136]。王慧敏（2007）认为旅游产业集成发展的模式可被称为是旅游产业融合的概念[137]。徐虹等（2008）认为旅游产业内部的各个要素之间相互影响、相互作用形成新产业的过程称为旅游产业融合[138]。陆晓清（2009）认为由于技术的融合导致原有产业产品的特征和市场需求发生了改变，从而使产业边界逐渐模糊，形成新的产业的现象和过程称为旅游产业融合[139]。朱华等（2010）构建了会展业与旅游业产业融合的概念模型[140]。程锦等（2011）认为旅游产业的融合其实就是旅游行业内部之间及旅游与别的行业之间相互作用、相互影响形成新产业的过程[141]。

②类型研究。周旭霞（2006）认为旅游产业融合的类型有两种：分别是旅游产业间的延伸融合和旅游产业内部的重组融合[142]。杨颖（2008）认为旅游与一、二产业的融合、旅游与服务业的融合是旅游产业融合的两种类型[143]。徐虹（2008）把旅游产业融合分为技术融合、产品融合、企业融合、市场融合和制度融合等几种类型[138]。王颖（2008）认为产品融合、空间融合、组织融合和智力融合构成了旅游产业融合的类型[144]。

杨振之（2011）认为旅游与现代科技的融合、旅游与信息产业的融合、旅游产业与文化产业的融合、旅游与服务业的融合、旅游与农业的融合是旅游产业融合的五种类型[145]。

③机制研究。徐虹、范清（2008）认为旅游产业系统的强关联性及追求效益最大化的冲动性是旅游产业融合的内在动力，而市场需求的推力、竞争合作的压力、技术创新的拉力和规制放松的助力构成了旅游产业融合的外在动力[138]。陆晓清（2009）认为技术创新是旅游产业与网络游戏业融合的内在动力，经济管制和市场需求是外在推动力[139]。杨彦锋（2012）认为互联网技术成为旅游产业融合的主要驱动因素[138]。

④路径研究。李太光、张文建（2009）认为旅游产业融合有 3 种路径：即

“泛休闲化”“广服务化”和“准模块化”[146]。麻学锋等（2010）从技术、功能、资源、市场四个方面提出了旅游产业融合的路径[148]。丁雨莲、马大全（2012）以大浦乡村世界为例，研究旅游业与农业的融合路径，认为资源融合与技术融合路径是其主要融合路径；功能融合和市场融合是重要融合路径；资本融合、人才融合与组织融合是旅游新业态发展与旅游新产品开发的有力保障[149]。石培华（2011）认为旅游业与第一产业的融合、旅游业与第二产业的融合、旅游业与第三产业的融合是旅游产业融合的发展路径[150]。王朝辉（2011）认为旅游产业融合的路径是资源融合、技术融合、旅游与服务业融合以及政府指导下的市场融合[151]。何建民（2011）提出了3种实现旅游产业与别的相关产业融合的路径[152]。高陵江、夏长杰（2012）认为旅游产业融合的路径为“模块嵌入式”路径、“横向拓展式”路径、“纵向延伸式”路径和“交叉渗透式”路径[153]。

⑤模式研究。陈芸（2006）认为旅游业与房地产业的融合有旅游度假房地产、旅游住宅房地产和旅游商业房地产三种模式[154]。陈琳（2006）提出了一个“中心—后向—旁侧—前向”的农业旅游发展新模式[155]。江贤卿（2008）在其硕士论文中分析旅游房地产的产业融合基础、驱动因素以及融合过程的基础上，构建旅游房地产的产业融合模式的研究框架，并介绍了旅游房地产的两种具体表现形式：景观与地产的融合模式和游憩型商业地产的融合模式[156]。杨娇（2008）认为渗透型融合、重组型融合和延伸型融合是旅游产业与文化创意产业融合的三种模式[157]。王振如、钱静（2009）提出北京市郊区都市农业、生态旅游和文化创意产业融合的4大产业圈（带）布局、10大产业景区布局和6大产业类型[158]。张文军（2009）提出了节庆旅游、文化产业园区景点化、景点主题公园等几种产业融合模式[159]。李洋洋（2010）以798艺术区为例，提出旅游与文化创意产业融合的三种模式分别是延伸型模式、重组型模式、渗透型模式[160]。卫奇琦（2011）认为动漫业和旅游产业市场融合的表现形式包括ACG节会、赛事、动漫购物街（区）、动漫

主题公园、动漫景点、动漫主题休闲场所等[161]。孙杰（2012）认为农业与旅游业融合的模式有观光式、体验式和综合式农业旅游[162]。刘俊清（2012）认为技术渗透、资源共用、市场共拓、功能附属是旅游产业融合的四种模式[163]。

⑥效应研究。李美云（2008）以景点业和动漫业的融合为例，认为动漫产业的发展丰富了旅游景点业的内涵和外延，旅游景点业的发展拓宽了动漫产业的发展空间[164]。杨坚（2008）影视业与旅游业的影响是相互的，既有积极的影响，也有消极的影响[165]。庄清娥（2008）认为，旅游业与会展业的融合有利于加剧会展企业与旅游企业之间的竞争；有利于加强企业横向边界的拓展和纵向一体化程度的提高；有助于消费的提升等[166]。刘志勇（2009）认为旅游产业与创意产业的融合发展能够在旅游资源、旅游产品的开发、旅游业的发展等方面发挥很大的作用和效应[167]。梁伟军、易法海（2010）通过对全国五省（市）农户的调查分析，得出发展农业旅游的“三农”效应是：具有显著的优化农业结构、促使农民增收、改善农村生态环境[168]。赵云云（2010）认为养生旅游融合效应是促进产业的创新优化、提升市场的竞争合作、推动区域经济一体化[169]。张辉，黄雪莹（2011）认为旅游产业融合在开辟新市场、推进旅游新业态、引领旅游服务业、促进旅游企业集团化发展、推动产业优化升级、带动制造业发展方面发挥了一定的作用和效应[170]。李文秀等（2012）认为文化艺术产业与旅游产业融合的效应有：满足游客需求、提高市场竞争力、促进产业结构优化和升级等[171]。

⑦对策研究。张功让（2011）提出可以通过转变政府角色、转变企业发展战略、转变产品营销策略和转变人才培养模式等几个方面来促进旅游产业的融合发展[172]。曾亚玲（2012）认为实现博物馆旅游与文化创意产业的融合发展策略有：创新博物馆旅游资源开发、旅游经营管理和旅游市场营销的策略[173]。赖启航（2012）提出了提高认识、创新机制、整合资源、彰显特色、注重宣传等融合策略[174]。

（2）文化产业和旅游产业融合研究进展

国内学者虽然对文化产业和旅游产业融合发展进行了研究，但总的来说研究较少，具有代表性的观点如下。

王明星（2003）认为文化产业与旅游业之间是相互促进、相互支撑的[175]。梁振（2005）指出原生态式、集锦式和主题式是文化旅游开发的三种基本模式[176]。朱冠梅、朱本利（2007）认为旅游产业与文化产业的特性是两大产业融合的内在原因，而外部环境和市场变化是产业融合的外在原因[177]。刘训华、王兆峰（2008）分析了民族地区文化产业对旅游产业结构转型升级和旅游业可持续发展的积极作用和影响[178]。

张海燕、王忠云（2010）提出了旅游产业与文化产业融合的路径是技术、企业、市场、产品等方面的融合[179]。喇明英（2011）对民族地区旅游产业与文化产业融合发展提出了一些建议和对策[180]。瞿孝军（2011）提出了张家界文化产业与旅游产业深度结合的对策建议[181]。

黄细嘉、周青（2012）认为旅游者需求、市场竞争、政府支持和科技进步是文化产业与旅游产业融合的动力[182]。赵磊（2012）认为经济、政治、社会、技术这四个方面是文化产业与旅游产业融合的外在推动力，并对两大产业融合的内在机理进行了分析[183]。

杨卫武、朱佳（2012）重点探讨了文化产业和旅游产业融合的三大路径分别是：技术路径、产品路径和市场路径[184]。石艳（2012）认为旅游产业和文化产业在融合中提高了文化旅游业在整个经济体系中获取资源的能力[185]。董立安（2011）认为从创新发展理念、深度策划宣传、加强景区整合开发、创新体制机制等方面入手，可以推进旅游产业与文化产业的融合发展[186]。

侯兵等（2015）构建文化产业与旅游产业融合发展模型。研究结果显示2010—2014年长三角16个城市文化产业与旅游产业融合度低，各地融合发展的差异性不大[187]。卢红梅（2015）通过构建文化产业与旅游产业融合模型，与文化产业细分行业相比，文化产业与旅游产业融合程度最高，艺术与旅游业融合程度最低[188]。李凌雁等（2015）认为我国各地区旅游产业与文化产业的融合现象呈现正向集聚状态，且集聚程度不断上升[189]。尹华光（2016）通过构建张家界旅游与文化产业融合发展的效益评价体系，测量出其两大产业融合发展尚处于初级阶段[190]。

3. 研究述评

通过对外文期刊和中文期刊上发表的有关文化与旅游研究的文献进行搜索、分类和分析讨论，可以看出，国内外关于旅游产业和文化产业融合的相关研究有以下特点。

（1）国外在产业融合方面的研究成果大都集中在通信、金融、传媒、电信、娱乐、商业等领域中，在旅游产业融合方面的研究比较少，涉及的产业融合问题不多，主要是从文物遗产旅游、旅游产业融合对企业战略管理的影响、企业的促销和管理、企业的融合型产品等方面进行了分析和探讨。国内对旅游产业融合的研究虽然起步较晚，但与国外相比较，国内的研究成果还是比较多的，大部分学者是从理论上去研究旅游产业融合的问题，探讨产业融合的相关基础性问题。

（2）国外对于旅游产业和文化产业融合的理论分析较少，主要是以实证研究为主，研究中多以具体的案例分析和说明，一般通过实证研究去构建相关指标，然后通过对指标的评估和判断去获取数据。国内对旅游产业融合的理论研究处于起步阶段，理论研究不成体系，研究成果少，研究内容上多偏重于应用型策略研究，对两大产业融合的内在机理、发展机制和模型等理论研究不足；国内也有对旅游产业融合的实证研究，但只是采用了一些具体的案例分析，没有实质性的进展。研究方法上，国内外多以定性研究为主，缺乏定量的研究和分析。

（3）国内外旅游产业和文化产业融合研究都取得了一定的成果，但是总体上来说，只是对旅游产业和文化产业融合现象进行了初步探讨和描述。对两大产业融合的研究，多数是从旅游产业和文化产业理论和研究的实践中总结出来的，倾向对旅游产业和文化产业融合的设计和服务过程的探讨，对旅游产业和文化产业的结合所做的研究相对较少；旅游产业和文化产业涵盖面宽、融合类型多样，且产业融合是一个双向动态发展的过程，而现有研究大多是单向单因素考虑，对旅游产业与文化产业互动共生融合的理论和实践研究还不够全面，很少系统、整体、综合地分析和研究两大产业融合的相关问题。

（4）国内学者们对社会稳定的云南、贵州、广西等民族地区的文化与旅游发展有了一定的研究，但对青海、甘肃、西藏等地的少数民族区域研究相对较少。

因此，未来研究中，要加强对两大产业融合问题的探讨和研究，避免以往零散式的研究，对两大产业融合问题进行系统研究，形成系统性的研究体系；对两大产业融合中出现的新问题、新情况加以研究，尤其对两大产业融合的路径、内在机理、动力机制、模式和企业经营管理战略等基础性理论问题进行探索和研究，从而更好地为两大产业融合发展提供理论的指导；旅游产业和文化产业融合的研究应该与实践紧密结合，只有与实际情况相结合，才能深入了解和发现两大产业融合中出现的问题，更好地为旅游业发展服务；在研究方法上，引入和介入多学科、多领域的研究方法，从不同学科和角度去研究和探索旅游产业和文化产业融合的相关问题，增强旅游产业融合中定量研究和数学方法的应用，在分析中注重对数据的采集和运用，加强模型构建和定量分析，使研究方法在产业融合问题的研究上体现多样性。

# 第三章 青藏高原多民族聚居区旅游业与文化产业融合现状

随着我国对外开放程度的逐步深化和城乡居民的收入水平与生活质量需求的提高，旅游消费得到了巨大的提升和释放。参与旅游活动的人数不断增长，旅游产业规模不断扩张。据世界旅游组织预测，到 2025 年，中国将成为全球第一大旅游目的地，旅游总收入将占国内生产总值的 8%，未来增长空间较大。

然而，旅游业对 GDP 的贡献不仅在于其行业本身，实际上旅游产业本身具有产业关联性大、综合性强等特点，它能渗透到许多相关行业和产业中，从而带动其他产业的发展。据相关数据统计，旅游业每增加 1 元收入，就可带动其他产业增加 4.3 元收入。而且据相关数据测算，在发达国家和地区，旅游消费支出每增加一个单位，国民收入就可扩大 1.36 倍，工业生产总值扩大 2.71 倍，投资扩大 0.25 倍。旅游业能够影响、带动和促进与之相关联的 110 个行业发展，增加就业，旅游直接从业人员每增加 1 人，就可带动 5 个间接行业从业人员的就业机会。

# 一、旅游产业发展现状

## （一）青海省旅游产业发展现状

近年来青海省旅游产业发展很快，旅游业已成为青海省战略性支柱产业，全省已形成东部、中部和西部三大旅游区。“大美青海”深入人心，有望建成“高原旅游名省”。青海拥有丰富的旅游资源，但同时也是生态环境脆弱的地区，我们应该贯彻绿色发展理念，大力发展绿色旅游、生态旅游，这是青海旅游发展的必然选择。

### 1. 旅游业总体呈持续增长趋势

青海省旅游业经过近 40 年的发展，在吃、住、行、游、购、娱、厕等方面已经形成较为完善的产业体系，同时还催生出文化旅游、体育旅游、农业旅游、工业旅游等新业态。青海省在全域旅游理念的指导下，突破冬季旅游发展的瓶颈问题，发展四季旅游，开发冬春季旅游产品，培育冬春季旅游市场，从而延长游客的滞留时间，刺激游客的旅游消费。据统计，从 2010 年至 2021 年，旅游总收入由 2010 年的 71.02 亿元增长到 2021 年的 349.90 亿元，增长了近 5 倍，累计实现旅游收入近 3253.52 亿元；旅游总收入占 GDP 的比重由 5.26% 增长到了 10.46%，增长了 2.6 倍；旅游收入增加值占第三产业增加值的比重由 2010 年的 2.31% 增长到了 2021 年的 3.61%，增长了 56%。在旅游接待量上，旅游接待人次也呈现大幅度增长，从 2010 年旅游接待总人数 1226.2 万人次增长到了 2021 年 3973.42 万人次，增长了约 2.2 倍，累计接待国内外游客 33252.28 万人次（表 3-1）。尤其是 2017 年青海省旅游业发展异军突起，取得了大的发展。全年接待国内外游客 3484.10 万人次，比上年增长 21.1%，实现旅游总收入 381.53 亿元，增长 23.0%（图 3-1）。

表 3–1 青海省旅游产业发展水平

| 年份 | 旅游总收入（亿元） | 旅游收入增加值（亿元） | 生产总值 GDP（亿元） | 旅游总收入占 GDP 比重（%） | 第三产业增加值（亿元） | 旅游收入增加值占第三产业增加值比重（%） | 国内旅游人数（万人次） | 入境旅游人数（万人次） | 旅游接待总人数（万人次） |
|---|---|---|---|---|---|---|---|---|---|
| 2010 | 71.02 | 10.87 | 1 350.43 | 5.26 | 470.88 | 2.31 | 1 221.50 | 4.67 | 1 226.20 |
| 2011 | 92.30 | 21.28 | 1 634.72 | 5.65 | 540.18 | 3.94 | 1 407.20 | 5.17 | 1 412.37 |
| 2012 | 123.75 | 31.45 | 1 884.54 | 6.57 | 615.75 | 5.11 | 1 576.75 | 4.73 | 1 581.48 |
| 2013 | 157.34 | 33.59 | 2 101.05 | 7.49 | 689.15 | 4.87 | 1 775.78 | 4.65 | 1 780.43 |
| 2014 | 201.90 | 44.56 | 2 301.12 | 8.77 | 853.08 | 5.22 | 2 000.43 | 5.15 | 2 005.58 |
| 2015 | 248.03 | 46.13 | 2 417.05 | 10.26 | 1 000.81 | 4.61 | 2 308.84 | 6.56 | 2 315.40 |
| 2016 | 310.30 | 62.27 | 2 572.49 | 12.06 | 1 101.32 | 5.65 | 2 869.91 | 7.01 | 2 876.92 |
| 2017 | 381.53 | 71.23 | 2 642.80 | 14.44 | 1 224.01 | 5.82 | 3 477.08 | 7.02 | 3 484.10 |
| 2018 | 466.30 | 84.77 | 2 865.23 | 16.27 | 1 350.07 | 6.28 | 4 197.46 | 6.92 | 4 204.38 |
| 2019 | 561.33 | 95.03 | 2 965.95 | 18.93 | 1 504.30 | 6.32 | 5 072.86 | 7.31 | 5 080.2 |
| 2020 | 289.82 | −271.51 | 3 005.92 | 9.64 | 2 961.22 | −9.16 | 3 311.30 | 0.50 | 3 311.80 |
| 2021 | 349.90 | 60.08 | 3 346.63 | 10.46 | 1 661.37 | 3.61 | 3 972.52 | 0.90 | 3 973.42 |

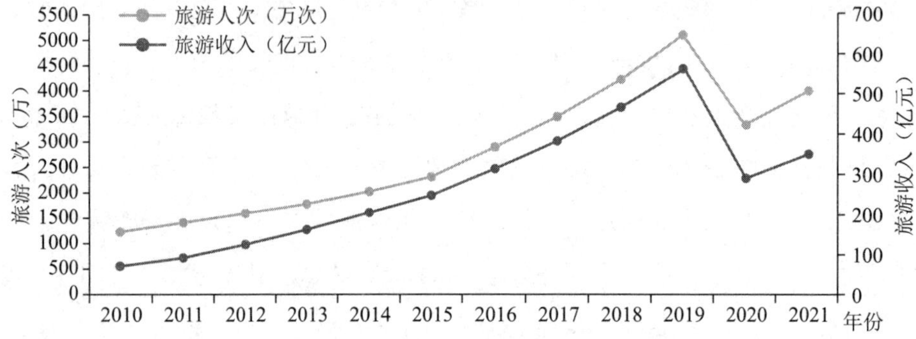


图 3–1 青海省 2010—2021 年旅游接待总人数及总收入

**2. 旅游基础设施和服务设施日趋完善**

基础设施和服务设施是旅游业发展的基本保障，因此不断提升和完善基础设施和服务设施是旅游业提档升级的最佳措施。近年来，青海省不断建设和完善旅游设施，如游客中心、旅游厕所、宾馆饭店、停车场、自驾车营地、旅游标识牌等设施陆续出现，旅游环境的舒适度逐渐提高，极大地满足了游客需求，为游客出行带来了很大的方便。一是旅游接待能力日益提高。截至 2020 年，全省星级饭店 322 家，客房数达到 26299 间，床位数 48115 张。2015 年至 2020 年年末，旅行社数量由 238 家增长到了 522 家。2020 年，全省共有 A 级旅游景区 134 家，其中 5A 级旅游景区 4 家，4A 级旅游景区 29 家。二是交通设施取得突破性进展。机场方面：有西宁、格尔木、德令哈、玉树、果洛、祁连、花土沟等机场，而且年旅客量逐年增长，“一主八辅”民用机场格局逐步形成；铁路方面：青藏铁路、兰青铁路、兰新铁路、格敦铁路串联成的铁路网正在形成，通往全国的铁路四通八达，极大方便了游客的出行；公路方面：以西宁为中心、连接 7 个市州的高速公路主骨架基本形成。实现了西宁至塔尔寺、西宁至青海湖、德令哈至大柴旦、当金山（敦煌）至格尔木等高速公路的贯通。三是旅游厕所革命取得阶段性进展。各地在旅游景区、乡村旅游点、服务区、自驾车营地、旅游沿线等地布局旅游厕所，仅 2017 年新建和改造提升旅游厕所 377 座，其中，第三卫生间 32 座，通过建管并举的方式改善了旅游环境。通过加大对厕所检查力度，基本上解决了游客如厕难的问题。

**3. 旅游产业投资成效明显**

随着旅游消费的快速增长，青海省也不断加大旅游投资建设力度，推进投资主体多元化。2016 年 3 月，省发展改革委、省财政厅、省国资委、省旅游局等部门共同筹建成立了青海旅游投资集团股份有限公司，通过构建投融资平台，推动和加大资本对旅游产业发展的投入力度。并规划“十四五”期间投资 1400 亿元建设 182 个旅游项目，投资 296.5 亿元用于建设重大项目及交通基础设施的完善，包括青海湖支线机场、年保玉则（久治）支线机场、湟中—贵德旅游高速专线、全省旅游公路停车场及休息区、观景点等17个项目。编制《重点旅游项目推介书》和《青海旅游招商引资项目手册》，对一些辐射范围广、条件成熟、社会效益强的旅游项目优先重点开发和推介。借助青海重大节事活动和“大美青海”的宣传平台，在全国各地开展大美青海旅游品牌推广及招商引资活动，充分推介青海旅游招商项目。同时，还与金融机构合作，利用“旅游＋金融”平台优势，不断拓展融资渠道。青海旅游部门签署战略合作协议的银行有省农信社、兴业银行等，建立了合作关系的银行有青海省农行、国家开发银行青海分行等金融单位，从而加大了金融对旅游业的信贷支持，实现了“旅游＋金融”。

**4. 乡村旅游发展迅速**

青海省深挖乡村旅游资源，拓展全域旅游由景区向乡村、由城市向农村广泛覆盖，成为助推乡村振兴的重要力量。发展乡村旅游已成为调整农村产业结构，实现农业发展、农民增收的重要渠道。乡村旅游基础设施不断完善，旅游服务水平不断提高。乡村旅游与农业旅游、生态旅游和民俗旅游之间的关系越来越紧密，参与性、休闲性的特点更加明显。《关于加快乡村旅游发展的指导意见》和《乡村旅游点质量等级划分与评定》等政策和标准，为乡村旅游的有序发展提供了依据和保障。农牧民依托当地的生态环境、民族风情，发展以餐饮、住宿、娱乐为主要形式的乡村旅游，互助、循化、贵德、门源、格尔木等地的乡村旅游已形成自己的特色。初步形成以种植业为主的“传统农业观光型”、以城郊设施农业为主的“设施农业休闲型”、以民俗文化为主的“民俗文化体验型”、以草地畜牧业为主的“草地生态旅游型”、以旅游景点为主的“风景名胜依托型”5种发展类型。现已建成国家级乡村旅游重点镇3个、重点村33个，全国休闲农业与乡村旅游示范县8个、示范点15个；建设全国特色景观旅游名镇、名村10个；中国乡村旅游创客基地3个，乡村旅游接待点2325家；据不完全统计，青海省2万贫困人口是通过旅游实现脱贫，12万农牧民吃上“旅游饭”，乡村旅游的发展取得显著成效，尤其在乡村振兴方面发挥了重要作用。

**5. 旅游宣传和营销力度加大**

青海省聚焦“省内大众游、省外高端游”定位，持续打造“大美青海、旅游净地”品牌，构建旅游目的地营销体系，利用互联网、节庆活动等平台，加强与外界的交流、宣传与合作。一方面，青海省可以借助一些重大的节庆活动或赛事，如环湖赛、青洽会、藏毯展、清食展等来宣传、推广景区景点，增强青海的旅游形象。另一方面，不断地在省外积极开展旅游营销活动，积极拓展旅游客源市场。在北京的 100 个公交候车亭中宣传推介海北、海西、海南、玉树 4 州的旅游资源；在成都双流机场，集中对门源油菜花海风光、茶卡盐湖、青海少数民族风情进行宣传推介；还与《中国国家地理》杂志、中国国际广播电台、人民网、《中国旅游报》社、携程旅行网、腾讯网等合作，加大对青海形象的宣传推介；在国内 11 个省市区的 36 个城市开展了“行中华百城游大美青海活动”，完成了青海形象的宣传推广活动；在开拓入境旅游市场方面，组织参加了泰国、意大利米兰、美丽中国——2016 内地旅游（港澳）嘉年华、“美丽中国——陆上丝绸之路”欧洲旅游推广活动；在英国《ABTA》和韩国首尔等客源地市场对“大美青海”旅游形象进行了宣传和推广。青海省通过多种方式进行营销组合，形成了营销合力，不断宣传推介青海形象，进一步拓宽了国内和国外客源市场，从而提高了青海的知名度和美誉度。

## （二）西藏旅游产业发展现状

西藏是世界十大旅游目的地之一，旅游资源在全世界独一无二。21 世纪的西藏旅游呈现高速发展的状态，中央政府在西藏第五次座谈会上明确表示，要把西藏建设成为重要的世界旅游目的地和重要的中华民族特色文化保护地。旅游业已经成为西藏经济发展的重要支柱产业。

**1. 旅游业呈现快速发展趋势**

“世界屋脊”西藏位于祖国的西南边陲，在这片神秘美丽的土地上，蓝天白云、雪山草地、苍鹰骏马、高山巍峨，山川纵横，湖泊星罗棋布，布达拉宫、大昭寺、八廓街、纳木错、罗布林卡、藏王陵历史悠久，底蕴深厚。雄浑壮美、奇异瑰丽的自然风光，而加上神秘浓厚的宗教文化，耀眼夺目的民间艺术，独具一格的民风民俗，雪域高原独特的自然景观与人文景观，吸引着越来越多的人去西藏旅游。随着西藏基础设施的完善，近几年来到西藏旅游的人数不断增多，西藏旅游收入再创新高，增加了当地人民的收入，改善了人民的生活水平，带动了相关产业的发展，对西藏经济社会实现跨越式发展有着一定的推动作用。

2012年，西藏共接待游客1058.4万人，同比增长21.7%，旅游人数首次突破百万大关；旅游收入达126.47亿元，同比增长30.3%。2013年，西藏接待国内外游客共1291万人次，同比增长22.0%；旅游收入达1651.813万元，同比增长2.9%。2015年，西藏接待国外游客达1553万人次，同比增长20%；旅游收入达154.93亿元，同比增长23%；截至2016年，西藏拥有的旅游企业近2000家，全行业固定资产达200亿元。2017年西藏全区接待国内外游客突破2500余万人次，同比增长14.7%；旅游总收入实现379.37亿元，同比增长17.0%。据统计，从2010年到2021年，西藏接待国内外游客从682万人次增加到4153.44万人次，增长了5.09倍，年平均增长率为18.48%，累计接待国内外游客27387.8万人次。旅游收入从69.3亿元增至441.9亿元，增长了5.38倍，年平均增长率为20.37%，累计实现旅游收入近3511.79亿元（见表3-2、图3-2）。旅游业对西藏经济的综合贡献度达30%，成为西藏社会投资热点和带动性强的综合性产业。

**表3-2　西藏自治区2010—2021年旅游接待人数及收入**

| 年份 | 旅游人次（万次） | 旅游收入（亿元） |
|---|---|---|
| 2010 | 682.00 | 69.30 |
| 2011 | 869.00 | 97.06 |

续表

| 年份 | 旅游人次（万次） | 旅游收入（亿元） |
|---|---|---|
| 2012 | 1058.40 | 126.47 |
| 2013 | 1291.06 | 165.18 |
| 2014 | 1553.14 | 204.00 |
| 2015 | 2017.53 | 281.92 |
| 2016 | 2315.94 | 330.75 |
| 2017 | 2561.43 | 379.37 |
| 2018 | 3368.73 | 490.14 |
| 2019 | 4012.15 | 559.28 |
| 2020 | 3505.01 | 366.42 |
| 2021 | 4153.44 | 441.90 |

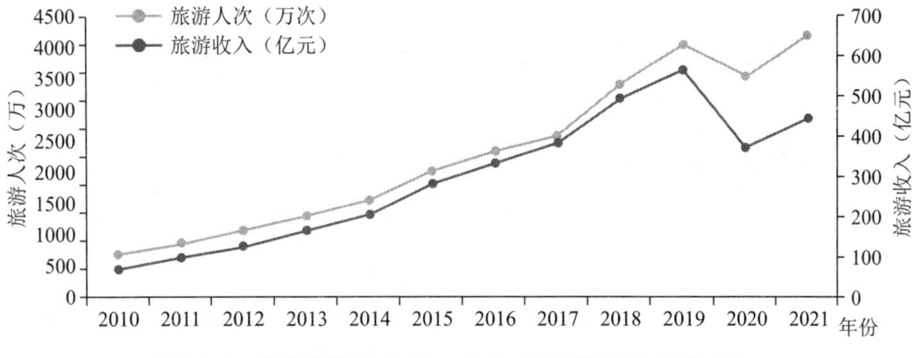


**图 3-2　西藏自治区 2010—2021 年旅游接待人数及收入**

### 2. 旅游基础设施逐步得到提升

目前有川藏、滇藏、新藏、青藏可通往西藏。西藏的航空业近年来发展迅猛，尤其是拉萨的贡嘎机场、日喀则的和平机场、昌都的邦达机场、林芝的米林机场、阿里的昆莎机场五个机场的成功修建，解决了西藏旅游交通不便的问题，为游客出行带来了极大的便利，提高了游客进藏的可进入性。青藏铁路、兰新铁路的陆续开通，增强了西藏与其他地区的交流和沟通，促进了西藏经济的发展。逐渐增多的家庭宾馆、民宿、购物场所、娱乐场所提高了对游客的接待能力，极大满足了游客的需求，旅游设施的不断完善为西藏旅游的进一步发展奠定了基础。

### 3. 全域旅游促进旅游业提档升级

全域旅游是把各个地区作为一个功能完整的旅游目的地来建设。核心是从景区向景区外围的方向迈进。西藏自治区在发展旅游业中提出了“全域景区化”的旅游发展新理念，提出全域旅游发展的规划，对布达拉宫等重点景区进行提档升级，推进鲁朗小镇、唐竺古道等一批产业融合新兴业态项目建设；积极开展拉萨市、林芝市、喀则市、普兰县等国家全域旅游示范区的创建；打造了一批特色鲜明、主题类型丰富多样的全域旅游产品体系，推动了“全域旅游示范区”的创建，引领西藏自治区“全域旅游”发展。在全域旅游发展理念和规划下，拉萨、林芝、日喀则、阿里等地旅游业实现了提档升级[191]。全城旅游拓宽和延伸了旅游产业链条，推动“旅游+”融合发展，满足了游客对旅游产品多元化的需求。

### 4. 智慧旅游助力产业发展

“旅游+互联网”发展模式可助力西藏旅游业转型发展。智慧旅游的逐步推行使得游客通过手机就可以实现景区门票、住宿餐饮、汽车租赁、旅游购物等在线预订和支付，及时获取天气、路况、投诉反馈等旅游信息。与此同时，西藏自治区旅游部门与携程旅行网、腾讯微信、微博平台、马蜂窝、驴妈妈、乐途旅游深化合作，进一步扩大市场推广的覆盖面。在意大利、英国、日本、韩国及东南亚国家等知名网站推介西藏旅游产品，展示形象。“旅游+互联网”的发展不仅为游客提供了便利的体验，也为企业提供了数据，还可以通过数据分析为旅游管理者的决策提供依据。西藏旅游大数据平台的建立使管理部门实时了解到进入西藏的客流量，为旅游企业提供智力支持。从游客的旅游体验，到企业的营销推广，再到政府部门的智慧管理，互联网已经渗透在旅游的方方面面。截至2020年，西藏所有4A级以上旅游景区实现了免费Wi-Fi、智能导游、电子讲解、信息推送等。智慧旅游的发展，为提升西藏自治区旅游服务水平和刺激市场需求、提高旅游供给助力。

## 二、文化产业发展现状

### （一）青海省文化产业发展现状

#### 1. 青海省文化产业发展规模较小

青海省文化产业的发展起步较晚，与国内发达省市相比，还处于不断探索的初级阶段。2016年，青海省文化及相关产业实现增加值63.77亿元，比上年增长16.5%，占全省地区生产总值（GDP）的比重为2.48%。占GDP比重较低，2014年比全国文化及相关产业平均占比低1.7%，差距较大。社会资本投资文化产业的热情持续高涨。截至2017年3月，全省文化企业达6090家，规模以上文化企业有58家，文化产业直接或间接从业人员达30万人以上，国家级文化产业示范基地达到10个，省级文化产业示范基地达到70个。2014年青海文化产业法人单位数（1949家）在全国31省市中排名第30位，仅高于西藏（798家）。从表3-3中可以看出，在民族八省区中青海位于第7位，排名在青海之后的为西藏，青海文化产业的总体规模较小。

**表3-3　民族八省区文化及相关产业法人单位数（2012—2014）**

（单位：家）

| 地区 | 2012年 | 占比（%） | 排序 | 2013年 | 占比（%） | 排序 | 2014年 | 占比（%） | 排序 |
|---|---|---|---|---|---|---|---|---|---|
| 新疆 | 3986 | 0.006 | 5 | 7274 | 0.008 | 5 | 6391 | 0.007 | 5 |
| 西藏 | 395 | 0.001 | 8 | 846 | 0.001 | 8 | 798 | 0.001 | 8 |
| 内蒙古 | 4463 | 0.007 | 4 | 9396 | 0.010 | 4 | 10393 | 0.011 | 4 |
| 广西 | 16947 | 0.026 | 1 | 17464 | 0.019 | 1 | 19719 | 0.020 | 1 |

续表

| 地区 | 2012 年 | 占比（%） | 排序 | 2013 年 | 占比（%） | 排序 | 2014 年 | 占比（%） | 排序 |
|---|---|---|---|---|---|---|---|---|---|
| 宁夏 | 2143 | 0.003 | 6 | 2756 | 0.003 | 6 | 2884 | 0.003 | 6 |
| 云南 | 11417 | 0.017 | 2 | 14200 | 0.015 | 2 | 15578 | 0.016 | 2 |
| 贵州 | 6846 | 0.010 | 3 | 9941 | 0.011 | 3 | 11686 | 0.012 | 3 |
| 青海 | 1211 | 0.002 | 7 | 2162 | 0.002 | 7 | 1949 | 0.002 | 7 |

数据来源：根据《中国文化及相关产业统计年鉴（2013，2014，2015）》计算整理而得。

青海文化及相关产业的固定资产投资每年都在稳步增长，以 2010—2014 年为例（见表 3-4），青海近五年固定资产增长率为 308.44%，在民族八省区当中排名第 3，位于其前的是贵州和西藏。

可以看出，近年来贵州和西藏加大了文化产业固定资产投资力度。从投资额来看，青海只是从 2013 年和 2014 年才加大了投资力度，与发达省份仍有较大差距，还须持续加大投资力度，促进文化产业发展。

**表 3-4 民族八省区文化及相关产业固定资产投资**

（单位：万元）

| 地区 | 2010 年 | 2011 年 | 2012 年 | 2013 年 | 2014 年 | 近五年增长率 % | 排序 |
|---|---|---|---|---|---|---|---|
| 新疆 | 458662 | 622876 | 943052 | 1166183 | 1692432 | 269.00 | 5 |
| 西藏 | 118720 | 165556 | 320715 | 639234 | 510105 | 329.67 | 2 |
| 内蒙古 | 1960465 | 2689276 | 3061915 | 2947674 | 5608522 | 186.09 | 8 |
| 广西 | 2125396 | 2844772 | 4078112 | 5398113 | 7109740 | 234.52 | 6 |
| 宁夏 | 138612 | 169311 | 225405 | 335158 | 550228 | 296.96 | 4 |
| 云南 | 1247579 | 1996848 | 2113237 | 2711661 | 3704349 | 196.93 | 7 |
| 贵州 | 460871 | 642014 | 715251 | 1063878 | 2205423 | 378.54 | 1 |
| 青海 | 161868 | 176607 | 428814 | 628911 | 661121 | 308.44 | 3 |

数据来源：根据《2015 中国文化及相关产业统计年鉴》整理计算而得。

**2. 公共文化设施不断完善**

近年来，青海省稳步推进基本公共文化服务标准化建设，基层综合性文化服务中心建设，县级文化馆、图书馆总分馆制建设和公共文化机构法人治理结构改革4项公共文化服务领域重点改革任务，地方文化公共服务体系日益完善，服务能力显著提高。政府通过购买公共文化服务的方式，积极开展“青海地方戏曲展演”“送戏下乡”等活动，“十四五”期间，全省开展送戏下乡演出活动7000余场次。其中，专业艺术院团演出1823场。青海省积极与河南、湖南、天津等省市衔接沟通，通过大舞台、大展台、大讲台的形式，开展多场“春雨工程”文化志愿服务活动。

**3. 文化艺术创作成果丰富**

青海省全面落实“十三五”文化和旅游业发展规划，积极奋进“十四五”，文化艺术创作取得显著成效。实施完成藏戏《松赞干布》、秦腔《尕布龙》、平弦戏《魂系金银滩》、民族舞剧《唐卡》、京剧《七个月零四天》等国家艺术基金项目。对特色艺术资源进行梳理，紧紧围绕花儿、格萨尔、英模人物、历史人物、环境保护、热贡艺术等题材，重点开展创作工作，完成儿童杂技剧《精灵战队》、花儿风情歌舞《花漫四季》、民俗剧《音画玉树》、歌舞剧《彩虹儿女》、秦腔《土族元帅》5部作品。

**4. 文化遗产保护取得重大进展**

近年来，青海省积极完善非物质文化遗产保护传承机制，出台《青海省非物质文化遗产传承发展工程实施方案》，省内重要文化遗产得到有效保护，非物质文化遗产保护与利用工作成效显著：一是基本建立四级非物质文化遗产保护名录体系，全省现有人类非物质文化遗产代表作名录6项，国家级非物质文化遗产88项，省级非物质文化遗产238项；二是通过建立非遗扶贫就业工坊、传统工艺工作站、非物质文化遗产传习场所等方式，对非物质文化遗产项目进行广泛推介和宣传；三是以建设数字化资源库、制定数字化保护标准等形式加大对非物质文化遗产项目的保护力度。

#### 5. 对外文化交流成绩显著

“十四五”期间，青海对外文化交流走在全国前列。全省共开展对外交流项目 40 多批次，组织文化企业赴 30 个国家进行产品展示、交流。完成赴港澳感恩演出、东南亚“欢乐春节”、中韩缘文化节、大美青海走进阿尔及利亚等多项对外文化交流任务。举办青海文化旅游节、西北五省区“花儿演唱会”、青海国际“水与生命”主题音乐会等文化交流活动，“大美青海”的文化内涵得到进一步丰富，文化影响力也得到进一步提升。

### （二）西藏文化产业发展现状

西藏的传统文化历史悠久，内容丰富。不管是历史悠久的藏语言文字、宗教典籍、宫殿庙宇、壁画、唐卡、造像，还是别具一格的民俗节日、民间舞蹈，藏医藏药，以及至今仍口口相传的史诗、歌谣、谚语，藏文化在中华文化中独具魅力。随着现代化和对外开放步伐的加快，西藏通过发展文化产业，在保护、传承和发扬区域特色优秀文化方面取得了不少成就。

#### 1. 文化产业稳步发展

近年来，西藏文化产业得到了快速发展，文化产业的数量不断增多，投资规模持续增长，文化企业规模逐渐扩大，文化产业结构逐渐得到优化，为西藏自治区经济、社会文化的发展起到了积极的推动作用。西藏自治区陆续出台了《西藏自治区人民政府关于加快发展文化产业的意见》《关于加快文化改革发展建设文化名省的意见》《西藏自治区十四五文化发展规划》等文件，确立了“提高文化自觉、增强文化自信、实现文化自强、建设文化名省”的发展目标和要求，为西藏自治区文化产业的发展指明了道路和方向。西藏利用丰富多样的民族文化资源，重点发展文化旅游、文化演艺、新闻出版、工艺美术、印刷发行、会展广告、广播影视等文化产业，并通过项目建设带动文化产业的大力发展，从而加大对文化产业园区、文化产业示范基地等的硬件设施建设。

### 2. 文化产业经济和社会效益显著

2019 年，文化企业当年实现引进外资 25.1 亿元，年产值 34.5 亿元。文化产业产值占全区国民生产总值的 3.01%，同比增长 15% 以上，高于全国 12% 的增速。西藏各类注册文化企业已达 4860 家，从业人员 3.2 万人。文化产业对西藏地区经济增长的贡献率越来越明显[192]。更为重要的是，一大批文化产业园区、文化产业示范基地的异军突起，给当地文化产业带来了很大的活力，辐射带动作用明显增强。2017 年西藏自治区特色文化产业进入高速发展时期，建立了西藏特色文化产业项目库，确定西藏特色文化产业基础设施建设、藏羌彝文化产业走廊建设、中华民族特色文化产业示范园区三大类项目，入库项目达 119 个。其中，西藏自治区已投资 43.3 亿元，全面启动 19 个藏羌彝文化产业走廊重点项目的建设和实施[193]。四川省文化创意产业研究院在 2018 年公布的中国西部文化消费指数和西部省市文化产业发展指数上，西藏自治区在文化驱动力指数方面排名第五。这些充分说明了近年来西藏自治区文化产业园区的数量在不断增加、文化产业发展潜力逐渐凸显，文化产业总体实力得到不断提升。

### 3. 公共文化服务能力显著增强

西藏自治区为了满足人民群众的文化需求，不断建设完善公共文化服务体系。全区内的图书馆、博物馆、文化馆（站）全部向民众免费开放，新建了西藏图书馆、西藏科技馆、西藏大剧院、西藏体育馆等公共设施，逐步建立和形成了以区级为龙头、县市为支撑、乡镇为基础的公共文化服务体系。西藏自治区通过文化进社区的方式，为社区配发文化设备器材，对文艺骨干和文化带头人进行培训，还在社区重点推行村村通（户户通）、文化信息资源共享、农村（牧区）电影放映、农（牧）家书屋等工程，丰富了人民群众的文化需求。举办书画展、非物质文化遗产作品展、焰火晚会、元宵灯展等大型的文化活动，组织文艺工作者到农村（牧区）开展“欢乐乡村”巡回演出活动等，人民群众的文化需求得到了满足，精神生活得到了提升。

4. “走出去”战略推动文化交流

近年来，西藏自治区不断实施“走出去”文化战略，加大与国内外的文化交流活动。首先，组织团队到国外进行文化交流活动，例如，去泰国、菲律宾、马耳他、韩国等地开展文化活动，通过文化产品展览展示、文化商品现场交易、民间艺人现场表演、重点文化产业项目推介等方式，向国内外客商及观众推介、展示了西藏特色的文化产品，并取得良好成效。其次，组织一批产品特色突出、具有示范带动作用的文化企业参加国内外大型博览会，在博览会上向来自五湖四海的游客集中展示和推介西藏特色文化商品。西藏通过整合、利用自治区内的文化资源，鼓励文化企业开发文化创意产品，满足市场需求。通过文化“走出去”战略的实施，西藏的对外文化交流范围不断扩大，特色文化影响力也得到了提升，西藏文化品牌在国内外已然形成了一定的吸引力。

5. 文化遗产保护力度加大

西藏自治区建立、完善相互协调、相互促进的物质文化遗产和非物质文化遗产的保护体系，加大了对文化遗产的保护力度。在非物质遗产保护方面，西藏本着“保护为主、抢救第一、合理利用、传承发展”的原则来实施和发展国家级和省级非物质文化遗产代表性项目。近年来，西藏不断加大各类财政资金对非遗文化保护方面的投入力度，通过扩大非遗代表性传承人队伍，建设非物质文化遗产生产性保护示范基地，为传承人开展收徒传艺、教学、交流活动创造条件，尤其是对一些濒危、传承链条脆弱的项目进行抢救性记录，从而更好地保护中华优秀传统文化。2018 年 5 月，文化和旅游部确定公示的第五批国家级非物质文化遗产传承人名单中，有 59 名藏族传承人入选，其中，西藏自治区入选的就有 28 名传承人（27 名藏族传承人和 1 名珞巴族传承人），可见西藏在非物质文化遗产项目和传承人保护方面发挥了重要作用。

6. 多举措助推文化产业发展

西藏自治区把文化产业作为高原特色优势产业和西藏新的国民经济支柱性

产业来培育和发展——采取多种手段、方式和举措来突破文化产业发展中遇到的瓶颈、问题和困难，设立了文化产业引导扶持资金，出台、完善了支持文化产业发展的相关政策和法律法规，搭建合作交流平台，极大地推动了西藏文化产业的转型和升级，西藏经济、社会文化发展得到不断提升。同时，各地市建立特色文化产业协调创新服务中心，不断加强对文化产业发展的研究，新的特色文化产业发展格局正在形成①。

## 三、旅游产业与文化产业融合现状及融合度

### （一）青海省旅游产业与文化产业融合现状及融合度

#### 1. 青海省旅游产业与文化产业融合现状

文化是旅游的内涵，旅游是文化的载体。青海雄伟壮丽的自然资源和多民族悠久深厚的文化底蕴，为青海省推进文化旅游融合发展，实现文化名省、旅游名省的目标奠定了基础。

2009年以来，国家先后出台《文化产业振兴规划》《关于加快发展旅游业的意见》《关于促进文化与旅游结合发展的指导意见》等一系列政策，这些都为旅游产业与文化产业的融合提供了有利的社会环境和强大的发展动力，两者作为第三产业的重要内容受到前所未有的重视。在相关政策指导下，青海省高

① 2018年，西藏自治区将采取多种举措破解文化产业发展瓶颈。一是完善文化产业政策法规体系，研究出台《加大文化与金融合作意见实施细则》。二是设立西藏特色文化产业引导扶持基金，完善西藏特色文化产业的投融资运营体系。三是建立西藏特色文化产业协调创新服务中心，利用国家和自治区相关专项资金，将中心打造成为全区特色文化产业的“孵化器 + 加速器 = 发动机”。四是实施文化 + 金融计划，研究文化与金融结合工作，签订政府与金融机构关于加强文化与金融合作的战略合作框架协议，完善和健全文化 + 金融相关配套落地措施。五是搭建合作交流平台，重点打造好藏博会、唐博会、象博会和毯博会等西藏自主举办的重点文化产业领域活动，参加好北京文博会、敦煌文博会和海峡两岸文博会等国内重点文化产业展会，推动在内地重点城市和海外国家核心城市设立“西藏特色文化产业之窗”，搭建西藏文化产业与国内外发达产业深入交流合作平台，推动高原文化产业转型升级。

度重视旅游产业与文化产业的融合发展，陆续出台了《关于促进青海文化与旅游融合发展的若干意见》《青海省推进文化创意和设计服务与相关产业融合发展行动计划（2015—2020年）》《关于金融支持文化旅游产业加快发展的意见》《青海省“十三五”文化发展规划》等相关政策和规划。这些意见的颁布和实施为推进融合发展、促进文化旅游产业提质升级提供了政策保障，为全省文化旅游产业发展带来新的机遇。

目前，青海省有全国重点文物保护单位51处，省级重点文物保护单位466处，国家级非物质文化遗产项目88项、省级非物质文化遗产项目238项，有黄南热贡、格萨尔（果洛）、藏族文化（玉树）3处国家级文化生态保护区，中国民间文化艺术之乡28个。国家级文化生态保护实验区建设，各地文化旅游产业项目建设，一大批物质文化遗产和非物质文化遗产保护项目的开发利用，都已经或正在成为“大美青海”新的文化旅游目的地和拉动旅游业发展的重要增长极[194]。

青海省利用丰富的文化旅游资源，采用“景区+非遗”的方法和模式，把书籍、演艺、非遗展示等内容引入全省79家3A级以上的旅游景区中，获得了游客的喜欢和好评，并不断总结经验，逐步在全省A级旅游景区中全面推广，有针对性地满足游客的文化旅游需求；《藏舞京典》《藏羚羊》《热贡神韵》《古道传奇》等剧目逐步实现商业化演出，青海湖等20个旅游景区在旅游旺季组织了各类非遗等展演活动。投资160万元修建的16个旅游演艺小舞台全部投入使用；现代堆绣、皮绣、木雕产品、泥塑、各类刺绣、石艺画等产品已经成为青海省旅游市场上比较成熟的商品；建立演艺团体与旅游景区合作机制，实现旅游景区演出新突破；指导各地举办具有民族民俗特色的文化旅游活动，贵德国家地质公园举办的世界攀岩赛，青海湖推出的环湖自行车自驾体验项目，互助、大通推出的欢乐冰雪节、飞跃彩虹娱乐项目，青海藏文化馆、青海博物馆等旅游景区利用高科技手段，使游客充分体验青海省特色文化与自然景观结合的美感，受到游客的好评，活动中各地独特的民族民俗文化得到了充分的展示，提升了旅游活动的文化品位，同时也增强了游客的体验度，推动了旅游与文化、影视、体育等产业的融合发展。此外，文化企业积极开通网店、微信公众平台等，实现了青海特色文化产品网络直销。随着青海旅游业的大力发展，大美青海独特的历史文化将被越来越多的游客所喜爱，青海依托民族民间文化资源发展旅游业的前景很好。

**2. 青海省旅游产业与文化产业融合度分析**

（1）旅游产业与文化产业融合模型

学术界从理论和实证研究方面对旅游产业融合与文化产业融合进行了大量的研究，积累了一定的经验。旅游产业融合度模型方面，常见的有 5 种融合度测评方法，分别是熵指数法、AHP- 模糊综合评价法、相关系数法、贡献度测量法、赫芬达尔指数法，本书参照梁君（2014）[195]、卢红梅（2015）[196]等的研究，采用贡献度测量评价模型，该评价模型如下：

文化产业与旅游业的融合度 = 旅游业对文化产业的贡献度 /
文化产业总贡献度

文化产业行业 i 与旅游业的融合度 = 旅游业对文化产业行业 i 的贡献度 /
文化产业行业 i 的总贡献度

为更好地反映旅游产业与文化产业的融合现状，需要对融合度进行科学合理地划分。按照融合模型，把融合度划分为五个区间，分别为高融合度（0.84~1）、中高融合度（0.68~0.84）、中融合度（0.52~0.68）、中低融合度（0.36~0.52）和低融合度（0.2~0.36）[197]。

（2）指标选取与数据来源

本书研究的数据皆来源于 2010—2020 年的《中国旅游统计年鉴》《中国统计年鉴》《青海省经济和社会统计年鉴》《青海省统计公报》等，数据是经过一定的整理和分析后才运用于实证研究的。本书依据梁君采用的测算方法，按照国家统计局对文化产业的分类标准，对文化产业细分行业进行了划分，依次划分为文化市场经营单位、艺术业、文物业、图书馆业、艺术教育业、群众文化服务业、文艺科研、其他文化产业等。并从人力投入、资金投入、总收入三方面衡量上述指标。旅游产业的测度以旅游业年收入为主。

（3）贡献度计算

采用 EVIEWS6.0 软件，对 2010—2020 年青海人力投入、资本投入、旅游业发展对青海文化产业及其细分产业的贡献度进行了计算和分析，计算结果见表 3–5。可以看出，人力投入贡献最大的是图书馆业，人力投入最小的是文艺科研；资金投入贡献最大的是文化产业，资金投入最小的是艺术业；旅游投入贡献最大的是文化产业，旅游投入最小的是艺术业。

**表 3–5　文化产业及其 8 个细分产业贡献度**

| 产业分类 | 资本投入贡献度 | 人力投入贡献度 | 旅游业贡献度 |
|---|---|---|---|
| 文化产业 | 1.0987 | 14.56 | 0.07 |
| 文化市场经营单位 | 1.0034 | 12.37 | 0.021 |
| 艺术业 | 0.0834 | 1.48 | 0.00011 |
| 文物业 | 0.9874 | 9.96 | 0.024 |
| 图书馆业 | 0.9903 | 24.17 | 0.033 |
| 艺术教育业 | 0.6713 | 11.33 | 0.0008 |
| 群众文化服务业 | 0.7728 | 8.94 | 0.007 |
| 文艺科研 | 0.4619 | 0.67 | 0.00045 |
| 其他文化产业 | 0.6863 | 10.21 | 0.0074 |

（4）融合度测算

根据融合度计算公式，可以对青海省文化产业及其 8 个细分产业与旅游产业的融合度进行测算，计算结果见表 3–6。

**表 3–6　产业融合度**

| 文化产业及其 8 个细分产业 | 旅游产业融合度 |
|---|---|
| 文化产业 | 0.25489 |
| 文化市场经营单位 | 0.13547 |

续表

| 文化产业及其8个细分产业 | 旅游产业融合度 |
| --- | --- |
| 艺术业 | 0.01298 |
| 文物业 | 0.06475 |
| 图书馆业 | 0.04417 |
| 艺术教育业 | 0.00083 |
| 群众文化服务业 | 0.01643 |
| 文艺科研 | 0.000319 |
| 其他文化产业 | 0.05432 |

从表3-6的结果分析可知，青海省旅游产业与文化产业的整体融合情况较好，但是融合度很低，仅为0.25489。8个细分文化行业与旅游产业之间融合度也很低，而且各细分产业之间融合度差距较大。与旅游产业融合度最高的是文化市场经营单位，融合度为0.13547；与旅游产业融合度最低的是文艺科研，融合度为0.000319。根据产业融合度的划分，青海省文化产业与旅游产业无论是在整体上，还是在细分行业上，都处于低融合度的范围内。这就说明青海省文化产业与旅游产业还处在低水平融合发展阶段，即融合发展的初级阶段。

（5）实证结果分析

第一，青海省文化产业总量不足，社会经济发展对文化产业发展的支撑力量不足。2016年，青海省文化及相关产业实现增加值63.77亿元，比上年增长16.5%，占全省地区生产总值（GDP）的比重为2.48%。在民族八省区中青海位于第7位，排名在青海之后的仅为西藏，青海文化产业的总体规模较小。2014年青海文化产业法人单位数（1949家）在全国31省市中排名第30，仅高于西藏（798）。同时，青海文化消费需求总体不足，以2016年全国城乡居民人均娱乐现金消费支出占总支出比例来看，青海在全国31省区市中排名靠后。这些说明：从内部而言，青海省的文化产业底子薄、力量弱，很难推动自身与旅游业的融合发展；从外部而言，青海省城乡居民的文化娱乐消费不足，很难促进文化与旅游的融合发展。因此，经济力量不足、薄弱、文化产业规模小等原因导致了青海省文化产业与旅游产业融合度不高、融合发展不强的结果。

第二，青海省旅游业发展中，对多民族文化资源的内涵、品位挖掘不够，还处在低水平的开发、利用阶段，文化产业和旅游产业融合发展的路径、模式比较单一，没有形成多渠道、多元化的途径。虽然青海拥有丰富独特的少数民族文化资源，但是在开发、利用这些资源的时候，大多只是围栏圈地的单一开发模式，使开发出来的文化旅游资源失去了其应有的价值和文化气息，自然也就失去了对游客的吸引力，无法满足游客的文化旅游需求。这种低水平、重复利用文化旅游资源的方式，自然而然也就成为青海旅游产业与文化产业融合度较低的重要原因之一。

第三，虽然青海省旅游产业与文化产业融合度不高，融合进程缓慢，但是从上述分析结果也可看出，青海的部分文化行业还是具有较大发展潜力和优势的。在开发利用中，注重对文化资源的保护、充分挖掘文化内涵、精心打造文化品牌，对于快速推动青海旅游产业与文化产业的融合发展具有重大意义。

## （二）西藏旅游产业与文化产业融合现状及融合度

### 1. 西藏旅游产业与文化产业融合现状

西藏独特的自然风光和民俗文化形成了得天独厚的文化旅游资源，吸引着世界各国无数旅游爱好者。自治区政府把“促进旅游与文化融合发展，积极探索旅游产业和文化产业相互促进发展的方式和方法，建立两者之间的利益联结和共享机制”，作为近年来西藏旅游工作的重要思路，将文化融入旅游，把旅游业作为特色支柱产业，助推西藏经济跨越式发展。

旅游产业与文化产业融合发展，是互惠共赢、优势互补的产业形态。通过挖掘整合，传承创新，众多壮丽辉煌的人文景观和丰富多彩的民族传统文化，提升了西藏旅游的文化内涵和附加值。越来越多的人开始熟知西藏的民族歌舞、藏戏、唐卡、格萨尔说唱等传统文化精品，正是通过旅游的方式使这些藏文化得以传播，呈现给广大游客。因此，以旅游彰显文化，以文化促进旅游，推动旅游产业与文化产业融合发展，已然成为西藏发展文化产业和旅游产业的最佳选择。

近年来，西藏自治区政府不断挖掘、整合西藏旅游整体资源优势，打造具有国际影响力的旅游品牌，用藏民族悠久瑰丽的优秀传统文化丰富节日内容，举办藏历新年、拉萨雪顿节、山南雅砻文化节等节庆活动，集旅游观光、文化交流、文艺展演、经济合作等于一体。依托西藏自治区深厚的传统文化底蕴，把文化资源优势转化为经济优势，建设拉萨文化旅游创意园区，打造集聚文化创意、民族工艺、民俗文化、文博展示、酒店休闲、演艺娱乐的文化旅游产业聚集区，在文化旅游产业聚集区向来自世界各地的游客全面、集中地展示西藏的服饰、歌舞、民族建筑、生活风俗、音乐、民间故事、绘画等民族传统文化。创意园区的建设是传承弘扬藏民族特色文化的良好平台，是把拉萨建设成为国际旅游城市，把西藏建设成为重要的世界旅游目的地的具体实践。2016 年 3 月全面开工，2019 年全面建成运营的国家藏羌彝文化走廊重点项目“吞米岭藏艺文博园”，就是一个集文化、旅游、参观、学习、艺术、购物等多功能于一体的文化产业综合园区，年接待游客 300 万人次，创造就业机会 1500 个。

总的来说，西藏自治区非常重视旅游产业和文化产业的融合发展，这些年来，充分利用藏历年、雪顿节、藏毯展等节庆活动和赛事平台，加大对景区景点的宣传力度，注重对旅游品牌的塑造。从战略决策、项目建设、产业布局等方面，积极推动旅游产业和文化产业的融合发展。文化、旅游互动融合的局面已经形成，并取得了一定的经济效益和良好的社会效益[198]。

**2. 西藏旅游产业与文化产业融合度分析**

（1）旅游产业与文化产业融合模型

学术界从理论和实证研究方面对旅游产业融合与文化产业融合进行了大量

的研究，积累了一定的经验。旅游产业融合度模型方面，常见的有五种融合度测评方法，分别是熵指数法、AHP-模糊综合评价法、相关系数法、贡献度测量法、赫芬达尔指数法。本书参照梁君（2014）[195]、卢红梅（2015）[196]等的研究，采用贡献度测量评价模型，该评价模型如下：

文化产业与旅游业的融合度＝旅游业对文化产业的贡献度/文化产业总贡献度

文化产业行业 i 与旅游业的融合度＝旅游业对文化产业行业 i 的贡献度/文化产业行业 i 的总贡献度

为更好地反映旅游产业与文化产业的融合现状，需要对融合度进行科学合理地划分。按照融合模型，把融合度划分为五个区间，分别为高融合度（0.84~1）、中高融合度（0.68~0.84）、中融合度（0.52~0.68）、中低融合度（0.36~0.52）和低融合度（0.2~0.36）[197]。

（2）指标选取与数据来源

本书研究的数据皆来源于 2010—2020 年的《中国旅游统计年鉴》《中国统计年鉴》《西藏自治区经济和社会统计年鉴》《西藏自治区统计公报》等，数据是经过一定的整理和分析后才运用于实证研究的。本书依据梁君采用的测算方法，按照国家统计局对文化产业的分类标准，对文化产业细分行业进行了划分，依次划分为文化市场经营单位、艺术业、文物业、图书馆业、艺术教育业、群众文化服务业、文艺科研、其他文化产业等。并从人力投入、资金投入、总收入三方面衡量上述指标。旅游产业的测度主要是以旅游业年收入为主。

（3）贡献度计算

采用 EVIEWS6.0 软件，对 2010—2020 年西藏人力投入、资本投入、旅游业发展对西藏文化产业及其细分产业的贡献度进行了计算和分析，计算结果见表 3-7。可以看出，人力投入贡献最大的是图书馆业，人力投入贡献最小的是艺术业；资金投入贡献最大的是文化产业，资金投入贡献最小的是艺术教育业；旅游投入贡献最大的是文化产业，旅游投入贡献最小的是文艺科研。

**表 3–7 文化产业及其 8 个细分产业贡献度**

| 产业分类 | 资本投入贡献度 | 人力投入贡献度 | 旅游业贡献度 |
|---|---|---|---|
| 文化产业 | 1.1757 | 17.10 | 0.09 |
| 文化市场经营单位 | 1.0549 | 13.45 | 0.021 |
| 艺术业 | 0.2834 | 0.87 | 0.00028 |
| 文物业 | 0.9997 | 11.23 | 0.031 |
| 图书馆业 | 0.8324 | 16.89 | 0.027 |
| 艺术教育业 | 0.1214 | 11.33 | 0.0010 |
| 群众文化服务业 | 0.6189 | 9.03 | 0.029 |
| 文艺科研 | 0.3373 | 0.67 | 0.00013 |
| 其他文化产业 | 0.7158 | 9.42 | 0.0066 |

（4）融合度测算

根据融合度计算公式，可以对西藏文化产业及其 8 个细分产业与旅游产业的融合度进行测算，计算结果见表 3–8。

**表 3–8 产业融合度**

| 文化产业及其 8 个细分产业 | 旅游产业融合度 |
|---|---|
| 文化产业 | 0.28432 |
| 文化市场经营单位 | 0.19237 |
| 艺术业 | 0.01427 |
| 文物业 | 0.08379 |
| 图书馆业 | 0.036425 |
| 艺术教育业 | 0.00042 |
| 群众文化服务业 | 0.01376 |

续表

| 文化产业及其 8 个细分产业 | 旅游产业融合度 |
| --- | --- |
| 文艺科研 | 0.000516 |
| 其他文化产业 | 0.08931 |

表 3-8 的结果分析可知，西藏旅游产业与文化产业的整体融合情况较好，但是融合度很低，仅为 0.28432。8 个细分文化行业与旅游产业之间融合情况也很低，而且各细分产业之间融合度差距较大。与旅游产业融合度最高的是文化市场经营单位，融合度为 0.19237；与旅游产业融合度最低的是艺术教育业，融合度为 0.00042。根据产业融合度的划分，西藏文化产业与旅游产业无论是在整体上，还是在细分行业上，都处于低融合度的范围内。这就说明西藏旅游产业与文化产业还处在低水平融合发展阶段，即融合发展的初级阶段。

（5）实证结果分析

第一，从分析结果可以看出，上述 8 个细分行业可以归为以下两类。一类是与旅游业有着密切联系的，自身与旅游业就存在交集，而且行业里的很多内容就是为旅游业服务的，这样的行业本身与旅游业有着很强的融合。它们是艺术业、文化市场经营业和其他文化产业。另一类就是图书馆业、文物业、群众文化服务业、文艺科研业、艺术教育业这五种细分文化行业。它们主要是通过开发文化资源为人民群众和社会发展服务的，所以它们不是以营利为目的的行业，由于缺乏与旅游业融合的足够条件，所以它们与旅游业融合的可能性也较小。

第二，西藏文化旅游产业的结构过于单一。虽说西藏拥有丰富的文化资源，但是这些资源的分布较分散，加之地理环境、交通区位、地理位置、资源属性等原因，使西藏各地区的资源也有较大的差异，导致西藏各地区主体经济产业集群有差别，产业发展有地区差异，各地区的经济发展不均衡。从上述结果还可看出，西藏的文化产业基本上以传统的文化经营为主，大部分地区以发展旅游业为主，而且西藏各地区由于旅游资源基础、旅游环境不一、旅游业发展水平不同导致各地区旅游业发展也存在着不同的差距。在西藏，出版业、动漫业、文化创意业、影视业等新兴产业的发展不平衡不充分，严重影响和阻碍了西藏文化产业的进一步发展和国际化的进程。

第三，市场发展和政府政策导向导致西藏文化产业的各细分产业与旅游业之间的融合发展存在迥异。上述 8 个细分行业中有三个行业与旅游业有着密切的联系，它们与旅游业具有先天的融合发展优势，通过市场的力量和作用，能够实现与旅游业的融合发展[199]。与此同时，我们也知道，与全国绝大多数地区相比，西藏的经济社会发展还处于落后状态，而且西藏文化产业各个细分行业发展不一，各个地区的发展差距较大。因此，政府首要支持的肯定是这个地区具有良好发展潜力和比较优势的行业，率先支持这些行业的大力发展，以便快速缩小与其他地区的差距，从而加快西藏旅游产业与文化产业融合发展的进程，提高两者的融合度。因此，导致细分文化行业与旅游业融合发展情况存在巨大差距的主要原因就是市场推动和政府引导的双重力量。

## 四、旅游产业与文化产业融合发展中存在的问题

### （一）青海旅游产业与文化产业融合中存在的问题

青海旅游资源的唯一性、生态性、独特性、区位性、多元性、后发性是青海旅游的优势和发展潜力，气候差、海拔高、精品少、链条短、配套弱、人才缺是青海旅游发展的短板和不足之处。因此，我们要辩证地看待青海旅游产业的优势潜力和短板不足。

青海有着丰富的历史文化资源，是文化和旅游融合发展的基础条件。近几年，青海省从文旅发展的决策、规划编制、项目的建设、资金的投入、产业的布局等方面加大了对文化产业和旅游产业的融合发展，文化旅游产业发展迅

猛，文旅融合方面取得了一定的成绩和效果。但是同时也应看到，青海省在推动旅游产业与文化产业融合发展方面还存在一些不容忽视的问题。

1. 融合发展进程还需加快

青海省文化和旅游深度融合发展方面成效显著，但总体来说，融合发展还需加快。主要表现在以下几点。一是产业发展单一，融合深度不足。目前，省内文化和旅游产业融合发展仍以传统产业发展方式为主，缺乏创新和复合型产品，在产业融合过程中，由于旅游行业只重视对文化旅游资源的利用与开发，忽视旅游产业与第一、第二及第三产业之间的融合发展，导致旅游业在发展过程中只注重自身发展，而与“吃、住、行、购、娱”等产业融合度低。二是思想认识不高，破解难题能力不足。由于文旅产业管理部门和从业人员普遍缺乏对产业、行业、市场以及经营管理的深刻认知和把握，对文化事业、文化产业、旅游产业认识不全面、不深入，导致部分文旅管理部门缺乏对行业发展的系统性预判，缺乏行之有效的行业管理手段，找不到“文旅融合”的最佳契合点和发力点，对推动行业发展无处着手。文旅产业从业者经营管理能力偏弱，对景点门票经济依赖严重，挖掘、拓展市场的方法不多。三是轻视智慧旅游，技术应用不足。在行业发展中由于观念和思想的落后不能及时跟进时代发展的需求，不能充分认识到智慧旅游对产业融合的重要作用，缺少在产业融合中对高科技元素的应用，产业链延伸不充分，缺乏具有竞争力及市场影响力的文旅精品。四是融资渠道单一，发展动力不强。目前青海省文旅发展资金主要来源于财政资金，由于财政资金紧缺，社会资本介入较少，融资渠道单一，单一的资金投入难以保障发展，因此在很大程度上制约了青海省文旅融合的发展。

2. 文化旅游产业链短

由于在发展文化产业过程中，过多受文化事业而非产业理念的影响，使文化产业在一定程度上停滞不前，没有真正得到发展和提升。青海有着丰富多样的民族文化资源，但是许多还处在未开发状态，文化内涵挖掘不够，缺乏具有一定竞争优势的、享誉国内外的文化旅游产品和品牌。青海除拥有极个别的像青海湖、塔尔寺、茶卡盐湖、互助土族故土园等知名景区外，非常缺乏在全国有影响力的精品力作，没有将文学、艺术、影视、动漫、特产等融入其中，缺乏参与性、体验性、娱乐性的旅游产品，仍存在景区留不住客人，游客有钱无处花的现象。由于缺少高水平的创意和策划，使一些文化资源开发整理不够，包装宣传不到位，文化产业链条短，综合效益低，没有发挥出应有的价值。开发出来的文化旅游产品形式单一，文化内涵和文化价值不明显，不能让游客充分融入其中感受和享受文化的魅力。文化与旅游未能彼此渗透融入，难以形成一定的文化旅游品牌，也难以形成一些规模大、实力强的文化旅游产业集团，更不用说实现文旅产业集群的发展。青海的经济、社会文化、环境效益均受到不同程度的制约和影响。

### 3. 缺少带动行业发展的龙头企业

青海一些地方和部门在文化与旅游融合发展方面没有明确的思路、想法和对策，对于文旅如何融合找不到切入点和突破口，再加之受长期以来形成的固定思维、工作习惯和客观条件等因素的制约，在推动文化旅游融合发展方面的主动性、积极性不高，求稳怕变，喜欢安于现状。缺乏文旅融合发展的行业骨干企业，现有“龙头”整合带动能力不强，大项目支撑能力不足。缺少集高端论坛、文化旅游、生态养生、商务休闲以及特色主题乐园多功能于一体的文化旅游项目。同时营销创新手段不强，营销模式单一，权威媒体介入不够，文旅品牌形象尚未真正建立，难以产生轰动效应。由于缺乏相应的市场渠道，也有一些好的创意和产品无法转化为社会生产力。

### 4. 文化旅游市场主体缺位

旅游产业、文化产业从自身发展来说，具有投资大、回收期长、风险大的特点，文化旅游融合项目，既具有旅游的属性，又具有文化的属性，因此面临的风险更大，再加上文化旅游项目开发利用成本高，回收期长，投融资难等特点，使一些社会资本很难投入文旅项目的建设上。在激励、扶持文化旅游发展的政策、体制机制等方面还需不断完善，青海省急需制定和出台一些鼓励、支持文化旅游产业发展的奖励机制和优惠政策，同时还应和相关金融机构协调、合作，加强对文化旅游项目的资金支持。通过一系列优惠政策、资金支持、人才培训等措施加大对文化旅游项目和文化旅游企业的扶持和推介力度。同时，还需加强对旅游项目中文化资源的挖掘、整理和利用，促进旅游产业由传统观光型向休闲度假型、体验参与型转变，从而拓展协同发展空间，主动融入文化旅游经济圈。

**5. 文化旅游产品供给不足**

由于受人才、资源、环境和空间等发展条件的限制，青海省旅游目的地体系建设相对滞后，文化旅游产品的市场占有率较低，供给不足。主要表现在以下两点。一是文化旅游的新业态较少。当前，青海省部分文化企业在开发产品的过程中还是过分注重模仿、复制，导致开发的文化旅游产品依然存在不同程度的同质化问题。青海省文化旅游由于目前还处于初步发展阶段，观光型产品仍占据主要地位，对文化创意、文化体验、休闲度假、健康养老等新产品、新业态开发不足，精品旅游产品和旅游线路种类较少、品质较低，缺乏文化内涵的深层挖掘，产品附加值普遍较低。二是文化创意产业体系不健全。由于青海省文化创意企业规模小，设计研发能力不足，尚未形成较为健全的文化创意产业体系，导致青海省缺乏文化创意精品。文化创意产品在数量和质量方面体现出青海省文化旅游特质不充分，文化创意产品制作条件不足，产品质量和美感度不高，传统文化和工艺技术的缺失等问题，是青海省文化创意旅游产品发展的主要制约因素。

**6. 文旅复合型人才储备缺乏**

促进旅游产业与文化产业融合，人才是关键，“文旅融合”产生的新业态势必会引发对文化旅游复合型人才的迫切需要。“互联网 +”时代，旅游产业与其他产业的大范围融合需要理念先进、视野开阔、经验丰富等综合素质高的复合型旅游人才，但由于人才观念滞后、对人才不重视、对旅游人才的培养计划不充分、引不到人才等导致青海省人才的供给难以适应新形势下文旅融合发展的需要。例如，缺少擅长“文旅”项目的决策人才、熟知“文旅”产业特征的管理人才、懂文化和旅游产业特点及市场需求的创意策划人才、跨界发展的复合型人才以及有实战经验和实操能力的规划团队等，且高学历、高职称、多实践经验的人才明显不足。由此，推进人才队伍建设，形成后备发展力量是青海省文化和旅游可持续发展的关键。

### （二）西藏旅游产业与文化产业融合中存在的问题

#### 1. 区域发展不平衡

经济发展不平衡导致西藏旅游产业与文化产业发展的不全面，产业结构不合理，主要表现在各县区、各园区旅游产业发展不平衡，季节旅游发展不平衡方面。区域发展不平衡是西藏旅游产业与文化产业融合中存在的问题。西藏的文化产业结构比较单一，文化市场培育缓慢，普遍存在一次性消费，二次文化产品及服务少，无法占据市场竞争优势。西藏的文化资源分布广、差异性大，地方民族特色传统文化产业比重较大，新兴现代文化产品的研发发展滞后。西藏的宗教文化产品与民间文化产品发展不平衡，虽然能够体现民族特色，但是文化产品科技含量低，可替代性强，市场竞争力差，不能满足人民日益增长的消费需求和对文化产品多样性、品质性的更高要求。旅游资源的高品质与旅游产品供给的低层次形成结构性矛盾，制约了旅游业经济效益的释放，迟滞了旅游业的升级[200]。

#### 2. 体制机制改革不够深入

西藏建立文化和旅游融合发展的体制机制，为文化和旅游融合发展提供了良好支撑，但还需持续加力。主要表现在以下方面。一是管理体制不健全。旅游产业与文化产业融合涉及产品设计、功能、服务和市场等多个层面，对管理部门之间的沟通和协调有更高要求。部门之间的融合还不够完善，特别是对有的“文旅产业”在归属管理部门划分上还是不够精准和精细。另外，相应的管理部门及部门间的上下级协调、合作和沟通间存在一定的滞后性和低效性，对所属的文化资源和旅游资源掌握不清，势必在管理上也存在多个部门之间的交叉管理和管理权限不清晰的问题。二是统筹机制不完善。受文化资源与旅游资源分散性的影响，部分地区由于过分强调单一的文化要素或旅游要素，未能统筹地区文化和旅游的综合要素，成为制约提高文化产业和旅游产业融合发展的综合实力的重要因素。

**3. 交通瓶颈问题还有待解决**

民航、铁路和汽车等进藏交通设施无法满足旅游旺季需要，各景区道路通达率不高。就西藏目前来说，通往西藏的公路有四条，铁路有四条，川藏铁路也被列入“十三五”规划中，在西藏有大型机场五个。但西藏内部的基础设施还不够完善，交通运输仍然是制约西藏旅游业发展的瓶颈，比如旅客想去阿里感受特色的象雄文化，西藏到阿里的长途大巴需要 24 小时才能到达。交通不便使阿里地区旅游业的发展受到了限制，当地的经济效益也受到很大影响，从而也不能带动周边地区经济的发展。还有一些旅游景点至今不通公路，游客无法到达，可进入性差，优美的旅游资源难以开发和利用。交通瓶颈和基础设施问题是阻碍西藏旅游产业与文化产业融合的重大问题之一。

**4. 专业人才匮乏**

由于西藏地区地处世界屋脊，平均海拔在 4000 米以上，高寒缺氧，生活条件相对艰苦，地理环境和经济相对落后，这对吸引人才、留住人才带来了很大的困扰。随着旅游产业的迅猛发展，旅游行政管理部门责任重大，但管理人员严重不足，旅游企业更是缺乏高端旅游专业管理人才，管理层结构不合理。这就导致从业人员缺乏一定的经营经验和资本运作能力，文化产业各个领域管理水平有待提高。专业人才匮乏制约了西藏文化旅游业的发展。要把西藏传统文化更好地传递给国内外游客，需要品学兼优、精通多种语言的优秀导游，但从目前来看，西藏地区旅游方面的导游不能很好地胜任工作：有些不具备大学学历或上岗证书；有些专业知识不足，知识面狭窄，人才素质普遍较低。旅游专业人才的不足，导致西藏在旅游业发展方面不能推陈出新、缺乏很好的设计理念和创新思想，这在一定程度上制约了西藏旅游业的发展，也影响着旅游产业与文化产业的融合发展。

### 5. 文旅企业缺乏深度合作

目前，西藏文旅产业规模总量较小，结构较为单一，文化和旅游的龙头骨干企业较少，且文化企业和旅游企业各自为政、分散经营，双方企业交流合作的积极性和主动性较低，使省内文化和旅游产业的融合仅停留在浅层次的旅游与文化的结合上。一方面，由于旅游企业只站在旅游角度开展活动，未充分挖掘当地特色的文化资源，没有讲好西藏的历史和故事。发展旅游更多考虑的是经济利益问题，只把文化资源当作推动旅游创收的工具，因此在文化资源的利用中没有充分考虑文化资源的脆弱性和延续性，使文化资源过度开发，这不仅不利于旅游产业的发展，也会成为西藏文化和旅游产业融合发展的重要阻碍因素。另一方面，西藏的部分文化企业只立足于文化建设的角度发展文化产业，忽视了发挥旅游在促进文化传播、交流和发展等各方面的作用。由于双方企业的沟通和交流的不足导致省内文化资源和旅游资源的整合不足，个性化极强的文化旅游资源未被开发成文旅产品，从而不利于文旅产业优势的发挥。另外，文旅企业在引进资金、项目、企业、人才等方面由于缺少较深层次的沟通、交流及合作，使西藏文旅产品的打造、文旅资源的利用以及文旅产业的发展均受到一定程度的限制，从而使西藏整体文旅品牌效应被弱化，难以形成整体竞争优势。

### 6. 环境保护和经济发展的平衡问题

如何解决旅游产业与文化产业融合发展过程中的生态环境保护也是西藏自治区亟待解决的问题。旅游热对当地造成了一定的生态环境污染。随着西藏每年接待的游客数量的激增，城市人口密度增大，在一定程度上造成交通堵塞，影响了当地居民的生活秩序。游客素质参差不齐，有些游客在神山圣湖旁随手乱扔垃圾，还有一些游客在古树、岩石、寺庙里刻字、画画，肆意破坏文物。引起了宗教人士及当地居民的不满，甚至影响了民族团结，破坏了自然资源和历史建筑，也影响了游客对美丽神秘西藏的视觉感知[201]。

## 五、旅游产业与文化产业融合的有利条件与制约因素

### （一）旅游产业与文化产业融合的有利条件

#### 1. 青海省旅游产业与文化产业融合的有利条件

（1）丰富多样的文化资源为旅游开发利用奠定了基础

独特的地理位置和生态环境使青海省保留了较为完整的自然风光和传统文化。青海省是多民族聚居地区，有着共同的宗教、语言、习俗、饮食、音乐、舞蹈的人们生活在一起，民族聚居对各民族文化传承和保留发挥着重大作用。因为青藏高原自然条件的限制，青海把生态保护优先作为战略抉择，要努力从经济小省转变为生态大省、生态强省。所以，工业化的影响较小，自然保留也比较完整。青藏高原的文化产生和发展离不开其独特的地理环境，因为各民族文化的独立性较强，受外界干扰较少，所以文化完整性也得到较好的保留。独具特色的自然风光、各具特色的文化传统，以及比较强的融合性，有利于旅游和文化的综合性开发。在旅游产业和文化产业发展的过程中，丰富多样的文化资源为旅游开发利用奠定了基础，而旅游又会促进传统文化的发展和传承。这是文化和旅游融合发展的一个有利条件（见表 3–9）。

表 3–9 青海省旅游资源的分类统计

| 自然旅游资源 | | | 人文旅游资源 | | |
|---|---|---|---|---|---|
| 类型 | 资源数量（个） | 占旅游资源总数的百分比（%） | 类型 | 资源数量（个） | 占旅游资源总数的百分比（%） |
| 地文景观 | 2823 | 17.43 | 建筑文化与设施 | 5337 | 32.96 |
| 水域风光 | 1937 | 11.96 | 非物质文化遗产 | 2332 | 14.38 |
| 生物景观 | 1091 | 6.74 | 人文活动 | 467 | 2.88 |
| 天象景观 | 145 | 0.90 | 文化相关机构与产业 | 281 | 1.76 |
| 文物 | 1281 | 7.86 | 旅游购品 | 499 | 3.08 |
| 合计 | 7277 | 44.89 | 合计 | 8916 | 55.06 |

数据来源:《青海省文化和旅游资源普查报告》

（2）快速发展的旅游业为文化旅游的升级换代准备了条件

随着旅游人数的增多，越来越多的游客被青海独特的自然风光吸引的同时也被其悠久的历史文化所折服，他们也对青海依托民族民间文化资源发展旅游业的前景寄予厚望。青海旅游部门编制规划重点景区时，注重对地方文化特色的凸显和文化创意水平的提升。加强对文化内涵的挖掘和提升，尤其是在旅游线路设计、景区建设、产品营销、饮食住宿、服务管理等方面，把提升文化内涵贯穿到旅游发展的整个过程中，让游客充分感受到文化的魅力和旅游的无穷吸引力。青海省各地每年都会举办有民族、民俗特色的文化旅游活动，通过文化旅游活动向游客集中展示各地独特的民风民俗，提升旅游活动的文化内涵和价值，提高游客的体验度和参与度。为健全青海省特色文化产业体系，培育新型文化业态，2017 年，青海省文化和新闻出版厅出台《青海省丝绸之路文化产业带发展规划及行动计划（2018—2025）》（以下简称《规划》），《规划》要求，要以“一核引领，两区联动，五带辐射”为产业空间布局①。因此，旅游业的快速发展为旅游产业与文化产业的融合发展提供了良好的条件。

（3）交通条件的改善为旅游和文化产业融合提供了保障

青海地域广袤、幅员辽阔，但经济不发达导致基础设施相对滞后，所以对于青海这样的边远地区，大力发展交通运输事业就显得尤为重要。

交通是旅游发展中的重要因素，旅游产业和文化产业融合发展依附于发达而便利的交通这个先决条件。随着西部开发力度的加强，青海省交通发展迅猛，而交通因素的改变为旅游行业的发展提供了强劲的动力。同时交通条件的改善使青海多民族文化产业得到了更好的宣传和更广的传播。

2017 年 11 月 13 日，青海省第一条绿色循环低碳公路花石峡至久治高速

① “一核引领”指立足西宁市省会政治、经济、文化中心的地位，积极探索文化产业发展新模式、新业态，全力打造多元融合的城市文化品牌，成为全省文化产业发展的高点与核心；“两区联动”指打造河湟文化产业集聚区和昆仑文化产业培育发展区，成为青海省丝绸之路文化产业带的重要引擎与支撑；“五带辐射”指以西宁为中心，四周放射性延伸各州，通过不同主题文化产业带的建设发展，带动各地区向周边省际和丝绸之路沿线拓展，共同促进丝绸之路文化产业带的转型升级和跨越式发展。

公路全线建成通车——至此，由省会西宁至黄南、玉树、果洛、海西、海南、海北6个少数民族自治州全部通达高速公路①。2017年7月，贵德通用机场在海南藏族自治州贵德县河东乡查达村破土动工，这是由青海省规划建设的全省第一个通用机场。9月，青海格尔木机场改扩建工程竣工投运，格尔木作为连通西藏、新疆、甘肃等地的重要节点城市被列入全国性综合交通枢纽，对于青海省融入丝绸之路经济带建设，构建对外开放格局，方便群众出行，促进地区经济社会发展和文化交流等方面都具有重要意义。所以说交通的改善成为青海旅游产业和文化产业融合发展的有利条件。

（4）文化旅游业粗具规模为深度融合积累了经验

近年来，青海省积极探索旅游与相关产业融合的机制、路径、模式等，大力推进“文化＋旅游”产业的发展模式，把青海的民风民俗、历史文化与旅游资源有机地结合起来，推动文化旅游产品和项目的开发建设，发展具有青海特色的高原文化旅游。称为彩虹故乡的青海省海东市互助土族自治县，有着悠久的土族传统文化，互助土族故土园是全国唯一落户在较少民族聚集区的5A级旅游景区②。2019年互助土族故土园游客接待量达103万人次，实现旅游综合收入3.71亿元[202]。旅游促进了传统文化的保护和传承，而古老的文化因旅游开发而焕发出新的生命力。慕容古寨位于西宁市湟中区拦隆口镇慕家村，是有着百年历史、千年文化的乡村旅游老寨，被作为西宁市全国休闲农业乡村旅游示范点，慕家酩馏酒的酿酒工艺已被列入非物质文化遗产项目③。如今，慕

① 目前，8个市州、29个县级行政区已实现通高速公路，46个县级行政区全部通二级以上公路，98.6%的乡镇、97%的建制村通畅，83.2%的建制村村内道路硬化。全省道路客运班线达887条，实现100%的乡镇、86.94%的建制村通客车。

② 依托原始纯朴的自然环境、雄奇独特的生态环境、古老神秘的文化遗迹等独一无二的土族文化禀赋，互助县的“旅游＋文化”发展模式取得丰硕成果。先后修建完成了天佑德中国青稞酒之源、彩虹部落土族园、纳顿庄园西部土族民俗文化村和小庄土族民俗文化村5个核心景点。每逢夏季，彩虹部落土族园还会上演“纳顿节”“安召舞”“轮子秋表演”等一系列土族节庆活动，不断丰富互助旅游业的内涵。文化资源禀赋让旅游业提速，旅游及相关产业的全要素融合让旅游产业发展更具前行的力量。

③ 在“旅游+文化”产业发展模式推动下，当地政府和相关旅游企业深入挖掘文化资源，重新修缮古寨，建成了古寨红色历史博物馆、高原影视文化基地，将古寨打造成“特色旅游文化景点”。

容古寨的知名度、美誉度不断提升，已发展成集历史、酿酒、旅游、餐饮、住宿为一体的综合性旅游景区。这些成功的案例为青海文化旅游产业深度融合发展积累了经验，提供了重要的参考。文旅融合发展已经成为社会共识，通过文化去旅游，旅游之中长知识的氛围正在逐步形成（见表 3-10）。

**表 3-10 青海省 4A 级以上旅游景区名录**

| 序号 | 旅游景区 | 景区级别 |
|---|---|---|
| 1 | 青海湖景区 | AAAAA |
| 2 | 塔尔寺景区 | AAAAA |
| 3 | 互助土族故土园 | AAAAA |
| 4 | 阿咪东索景区 | AAAAA |
| 5 | 贵德高原养生休闲度假区 | AAAA |
| 6 | 格尔木旅游区 | AAAA |
| 7 | 青海省博物馆 | AAAA |
| 8 | 循化绿色撒拉族家园 | AAAA |
| 9 | 青海金银滩景区 | AAAA |
| 10 | 门源油菜百里花景区 | AAAA |
| 11 | 祁连风光旅游区 | AAAA |
| 12 | 热贡国家级历史文化名城 | AAAA |
| 13 | 大通老爷山风景名胜区 | AAAA |
| 14 | 湟源丹噶尔古城 | AAAA |
| 15 | 玉树称多拉布民俗村 | AAAA |
| 16 | 茶卡盐湖景区 | AAAA |
| 17 | 西宁市中国工农红军西路军纪念馆 | AAAA |
| 18 | 格尔木市将军楼文化主题公园景区 | AAAA |
| 19 | 西宁市青海藏文化馆 | AAAA |

续表

| 序号 | 旅游景区 | 景区级别 |
|---|---|---|
| 20 | 西宁市青藏高原野生动物园 | AAAA |
| 21 | 湟中卡阳乡趣旅游景区 | AAAA |
| 22 | 海北藏族自治州刚察县高原海滨藏城 | AAAA |
| 23 | 西宁市力盟步行街 | AAAA |
| 24 | 青海藏医药文化博物馆 | AAAA |
| 25 | 民和县永录康格达景区 | AAAA |
| 26 | 龙羊峡旅游景区 | AAAA |
| 27 | 青海日月山景区 | AAAA |
| 28 | 茶卡天空一号景区 | AAAA |
| 29 | 格尔木鲁能新能源工业旅游景区 | AAAA |

资料来源：青海省文化和旅游厅官方网站

### 2. 西藏旅游产业与文化产业融合的有利条件

（1）旅游资源优势

西藏地处地球的“第三极”，拥有在全世界不可复制、无可替代的丰富的旅游资源，具有发展旅游业的天然优势。神圣、神秘、神奇的西藏拥有高原、冰川、雪峰、地热、湖泊、河谷、林海、草原、湿地、草甸等丰富壮丽的立体景观，其中海拔 7000 米以上的高峰有 50 多座，8000 米以上的有 5 座，有 3 个面积大于 1000 平方公里的高海拔湖泊，18 处国家级自然保护区。有风情独特的藏族民俗文化，1700 多座保护完好的寺庙，有布达拉宫等 3 处世界文化遗产和拉萨等 3 座国家历史文化名城[203]。在西藏的矿产资源、旅游资源、医药资源、农牧产品等诸多优势资源中，旅游资源无疑是其中最具竞争力的稀缺资源。西藏已被多家国际旅游媒体评为“一生必去的旅游目的地”，西藏旅游业前景十分好。

如何保护这些珍贵的文化资源，是一项重要而艰巨的任务。随着经济社会的发展，传统文化受到现代化、信息化带来的巨大冲击，要让这些文化遗产得到保护和传承，使西藏文化产业可持续发展，有效的选择是发展旅游业。旅游为西藏文化产业提供了大平台，旅游业激发了藏文化传承的无限活力。通过旅游，一方面可以使藏文化在更大的范围内传播，另一方面也激发了藏文化传承的热情，为藏文化开辟了更广阔的市场（见表 3-11）。

**表 3-11 西藏极品旅游资源**

| 旅游资源类型 | 极品旅游资源单体 |
|---|---|
| 寺庙 | 大昭寺、桑耶寺、扎什伦布寺、萨迦寺 |
| 宫殿、王国遗址 | 布达拉宫、八廓街、古格王国遗址 |
| 民俗风情 | 藏族风情 |
| 山岳景观 | 珠穆朗玛峰、希夏邦马峰、南迦巴瓦峰、冈仁波齐峰、纳木那尼峰 |
| 河谷景观 | 雅鲁藏布大峡谷自然保护区 |
| 雪山 | 马卡鲁峰、洛子峰、卓奥友峰 |
| 现代冰川 | 雅弄来果和阿托冰川、恰青冰川 |
| 湖泊 | 玛旁雍错、羊卓雍错、纳木错自然保护区 |
| 峡谷河段 | 三江峡谷并流 |
| 其他 | 珠峰登山大本营、普若冈日冰帽、札达土林自然保护区、羌塘国家级自然保护区、罗布林卡、盐井盐田 |

资料来源：西藏自治区旅游局:《西藏旅游发展总体规划（2005—2020 年）》

（2）特色文化优势

西藏是重要的中华民族特色文化保护地，不仅有原始的宗教文化和藏传佛教文化、富有特色的藏民族文化和其他少数民族文化，还有大量的物质和非物质文化遗产。“越是民族的，越是世界的。”美丽的自然风光、悠久的历史和独特的民俗文化形成了西藏独特的魅力，也赋予了她独一无二的旅游文化资源。由于西藏文化旅游资源的独特性、发展优势、潜力和广阔前景，西藏自治区政府已明确把文化旅游业作为支柱产业来发展，从而推动西藏地区经济、社会文化的大力发展，并且把“促进旅游与文化融合发展，积极探索旅游产业和文化产业相互促进发展的方式和方法，建立两者之间的利益联结和共享机制”作为近年来西藏旅游工作的重要思路。文化旅游产业已成为西藏经济社会发展新引擎。特别是近几年连续举办的3次藏博会，对西藏文化产业的宣传、推介，尤其在打造文化旅游品牌方面发挥了十分重要的作用。长期以来，西藏非常重视保护和传承文化资源。2001年以来，中央先后投入资金近30亿元，对一系列重点文物进行修缮和维修，并专门成立了对物质文化遗产和非物质文化遗产进行抢救、保护、整理、利用和研究的机构。如今，西藏全区被列入《国家级非物质文化遗产保护名录》的有89个文化项目，入选国家级非物质文化遗产项目代表性传承人名录的有68位传承人。西藏自治区在保护好优秀传统文化的同时，把优秀传统文化作为西藏旅游发展的最大特色，坚持把发展文化旅游产业作为推进经济社会发展的核心产业，积极发展多层次文化旅游产品，推进产业融合发展（见表3-12）。

**表3-12　西藏自治区4A级以上旅游景区名录**

| 序号 | 旅游景区 | 景区级别 |
|---|---|---|
| 1 | 布达拉宫 | AAAAA |
| 2 | 巴松错 | AAAAA |
| 3 | 扎什伦布寺 | AAAAA |
| 4 | 林芝市雅鲁藏布大峡谷旅游景区 | AAAAA |
| 5 | 大昭寺 | AAAAA |
| 6 | 波密红楼红色系列旅游景区 | AAAA |
| 7 | 珠峰自然保护区 | AAAA |
| 8 | 千年古盐田民俗旅游风景区 | AAAA |
| 9 | 鲁朗林海 | AAAA |
| 10 | 萨迦寺旅游景区 | AAAA |
| 11 | 米堆冰川 | AAAA |

续表

| 序号 | 旅游景区 | 景区级别 |
|---|---|---|
| 12 | 罗布林卡 | AAAA |
| 13 | 桑耶寺 | AAAA |
| 14 | 西藏博物馆 | AAAA |
| 15 | 西藏解放第一村 | AAAA |
| 16 | 南伊沟 | AAAA |
| 17 | 神山圣湖旅游景区 | AAAA |
| 18 | 牦牛博物馆 | AAAA |
| 19 | 哲蚌寺 | AAAA |
| 20 | 西藏自然科学博物馆 | AAAA |
| 21 | 文成公主藏文化风情园旅游景区 | AAAA |
| 22 | 萨迦古城景区 | AAAA |
| 23 | 江孜宗山抗英遗址红色旅游景区 | AAAA |
| 24 | 博览园区 | AAAA |
| 25 | 昌珠寺旅游景区 | AAAA |
| 26 | 玉麦自然人文旅游景区 | AAAA |
| 27 | 卡定沟 | AAAA |
| 28 | 世界柏树王园林旅游景区 | AAAA |

数据来源：西藏自治区旅游发展厅《2021 年西藏自治区景区最新名录》。

（3）政策支持优势

文化产业的蓬勃发展，离不开西藏自治区各项文化产业政策的推动[204]。自治区党委和政府对文化产业的发展非常重视，陆续出台了一系列支持、鼓励文化产业发展的政策和文件①。这些政策在指导、推动西藏文化产业发展，提升西藏文化基础设施建设，保护传承西藏非物质文化遗产，提高西藏文化产业从

① 如《中共西藏自治区委员会　西藏自治区人民政府关于推动文化大发展大繁荣的决定》《西藏自治区推进文化与旅游深度融合发展，加快特色文化产业发展的意见》等。

业人员素质及促进文化公共服务体系完善等方面发挥了重要作用。“十三五”以来，西藏自治区政府注重顶层设计，科学规划和合理开发区域文化资源，围绕拉萨、日喀则等地区建立了一批文化产业园区和文化产业示范基地，这些创意园区的建设为传承和弘扬藏民族特色文化提供了良好平台。西藏自治区投资约300亿元建设的西藏文化旅游创意产业园区，以“藏文化的世界总部基地”为总体发展定位，建设内容包含藏医药文化创意园、《文成公主》文化旅游主题公园、藏民族民俗风情体验园等在内的九大功能区。园区集“吃、住、行、游、娱、购”为一体，延伸形成了一批新的旅游经济增长点，文化内涵不断提升，文化基础设施不断完善，文化品牌不断打造。文化旅游信息的建设发展为旅游文化转型升级提供了强有力的支撑，西藏旅游文化融合发展程度不断提升。

“十四五”期间，西藏自治区党委、政府将文化产业作为高原特色优势产业，纳入了西藏经济发展提质增效的重要内容之列，提出要将文化产业培育成为西藏新的国民经济支柱性产业的目标。文化主管部门为实现这一目标，不断增加顶层设计力度，使西藏的特色文化产业呈现出良好的发展态势[205]。

对于文化资源的活化和利用首先要解决的是保护和开发之间的关系。西藏自治区在文化资源开发的过程中，既重视对物质文化遗产和非物质文化遗产的保护和传承，又重视对文化资源的开发利用，使其由文化优势转变为经济优势，实现经济效益和社会效益的平衡，文化传承与发展双管齐下。藏戏艺术的开发与保护，可以说是这方面的典型①。

（4）文旅品牌优势

为加快旅游文化产业发展，推进文化与旅游深度融合，西藏通过全面加强民族演艺、民族工艺品、非物质文化遗产及新兴文化业态与旅游的深度结合，

① 藏戏是藏族的宗教艺术，已被列入第一批《国家级非物质文化遗产名录》。为保护藏戏，自治区文化厅采取重点项目保护计划的方式，对国家级、自治区级藏戏流派和重要藏戏队开展有效保护。西藏还将藏戏与当地公共文化建设相连接，更好地满足当地人民的公共文化需求，兼顾社会效益与经济效益。

重点培育特色文化旅游项目，大力扶持文化旅游品牌经营。

《藏羌彝文化产业走廊建设三年实施方案（2018—2020年）》中规定了具体举措，包括加强文化资源梳理与利用、支持重点项目建设、强化走廊建设平台支撑、培育特色文化品牌、促进产业合作提升、振兴走廊区域传统工艺等，培育特色文化品牌是重要举措之一。西藏自治区政府经过不断努力，对西藏旅游整体资源优势进行挖掘和整合，打造具有国际影响力的旅游品牌。用藏民族悠久瑰丽的优秀传统文化丰富节日内容，举办藏历新年、拉萨雪顿节、山南雅砻文化节等节庆活动，集旅游观光、文化交流、文艺展演、经济合作等于一体。依托西藏自治区深厚的传统文化底蕴，把文化资源优势转化为经济优势，建设拉萨文化旅游创意园区，打造集聚文化创意、民族工艺、民俗文化、文博展示、酒店休闲、演艺娱乐的文化旅游产业聚集区。在文化旅游产业聚集区向来自全世界各地的游客全面、集中地展示西藏的服饰、歌舞、民族建筑、风俗、音乐、民间故事、绘画等民族传统文化。由西藏自治区文化厅推荐，索炯雪艺唐卡艺术中心申报的“西藏特色唐卡文创产品品牌培育与开发”项目获2018年度藏羌彝文化产业走廊扶持项目之特色文化品牌培育项目，并获得20万元的扶持资金。“文创西藏”将是下一步西藏文旅产业深度融合的品牌，也是西藏文化走出去的重要名片。索炯雪艺唐卡艺术中心的“西藏特色唐卡文创产品品牌培育与开发”项目就是传统文化与“文创”完美结合的产物，也是极具特色的民族文化品牌[206]。

（5）基础设施建设支持力度优势

西藏为了实现旅游文化可持续发展，秉持“创新、协调、绿色、开放、共享”的发展理念，加大基础设施建设力度，积极争取国家旅游发展基金对西藏旅游的支持，大力发展“特色、高端、精品”旅游。西藏开通了很多国内外航线，同时加快了对公路、铁路等交通设施的建设和完善，提高了进藏的可进入性，为游客的出行提供了方便、快捷的交通。虽然与全国发达省份相比，西藏经济发展落后、底子薄、积累少，但是在中央全力支持和各相关省区的对口支援下，西藏这几年的旅游经济得到了快速发展，基础设施和服务设施都得到了提升和完善，建设的机场、公路、铁路提高了区内外客运能力。大量的景区、餐饮、住宿、娱乐点、购物点都形成了一定的规模，极大地满足了游客的需求，解决了制约西藏文化旅游业发展的障碍因素和问题，具备了发展更高水平旅游经济的基本条件。

## （二）旅游产业与文化产业融合的制约因素

旅游产业融合的实现归纳起来受两方面制约：一方面是供给因素的制约，包括宏观的管理制度与微观的企业能力；另一方面是需求因素的制约，即消费市场的接受和认同。因此，一般来说，一个地方旅游产业融合的制约因素有制度障碍、能力障碍和需求障碍（如图 3–3 所示），那么通过调研，笔者了解到青藏高原多民族聚居区旅游产业与文化产业融合的制约因素具体有以下方面的内容。

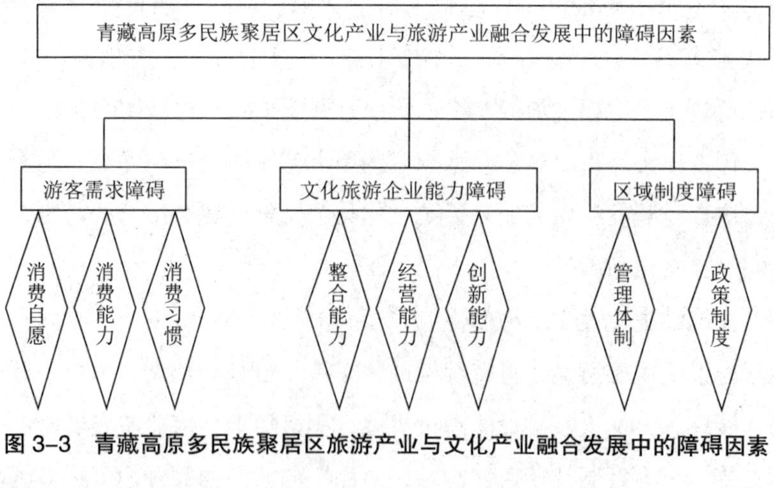


**图 3–3　青藏高原多民族聚居区旅游产业与文化产业融合发展中的障碍因素**

### 1. 青海省旅游产业与文化产业融合的制约因素

（1）体制不完善制约着旅游产业与文化产业融合发展

产业管理体制缺乏融合导致文化旅游产业融合发展受阻。体制问题是制约文化旅游产业融合发展的一大障碍。2009 年机构改革时，青海省体育局、青海省旅游局由青海省政府直属事业机构调整为直属机构，文化与广播电视新闻合并组建为青海省文化和新闻出版厅。因为分属两个系统，文化部门与旅游部门各自职责不同，沟通不畅，再加上部门保护主义的影响，制约了旅游产业与文化产业的融合发展。现有条块分割的资源管理体制，制约了各类文化旅游资源的统一挖掘、整理、开发。2018 年 3 月 17 日，根据国务院机构改革方案的决定，不再保留文化部和国家旅游局，把两单位进行合并，重新组建成文化和旅游部，作为国务院组成部门。这就是国家为了统筹旅游资源开发和文化事业、文化产业的发展，彰显、增强文化自信，提高国家文化软实力和影响力，推动旅游产业与文化产业的融合发展而做出的重大举措。虽然青海省的文化厅和旅游发展委员会已经合并，但是文旅之间还需要很长的时间去磨合、融合。

（2）文化产业的滞后制约着文化旅游产业融合的深度

文化与旅游具有多重产业特征和功能，涉及经济、文化、宗教、社会等多个领域。推动两大产业融合发展的主要目的就是把文化旅游资源优势转化为经济优势和产业优势，树立产业经济是基础的观念。青海省有着丰富多彩的文化资源，但文化产业起步晚，市场化程度偏低，缺少把丰富的文化资源开发为产业化的经济运作，缺乏具有竞争力的知名文化产品。非物质文化遗产资源虽然较为丰富，但在这些文化资源中基本没有形成产业化，绝大多数还是停留在初级阶段。要打造成为国内外知名的文化旅游目的地，必须有电影、电视、网络视频、文案和文化创意等文化载体，要培育和发展这些载体就要依靠文化人、文化市场和文化企业。文化要发展，就是要与资本、市场和科技相结合。不能形成发达的特色文化产业，文化资源的开发利用就会受到严重阻碍，也会制约文化旅游产业融合的深度。

（3）旅游产业缺乏竞争力制约着文化旅游产业融合的程度

从旅游业看，尽管近几年青海省旅游业发展势头迅猛，但综合竞争力不强、质量效益不高的问题仍然突出。特别是在经济下行压力较大，经济增速放缓的大环境下，继续保持旅游业的持续稳定快速发展，难度越来越大，迫切需要借助文化的力量转型发展，升级换代。青海一直是海内外游客关注的热点旅游目的地，但是青海旅游的市场潜力似乎并没有转化为旅游产业优势。2017年，青海接待国内游客3477.08万人次，实现国内旅游收入378.94亿元，但是像这样的成绩无论是在全国还是西北五省的范围内比较，都不算是理想的状态。与国内发达省份相比，包括青海在内的西部地区旅游业发展起步晚，基础设施和服务设施较薄弱，而且远离长三角、环渤海、珠三角等主要客源市场。笔者从相关调研数据了解到，在自然生态、空气质量、旅行社和导游服务、当地居民友善态度等方面获得了游客较高的评价，但是在城市现代化、城市开放度、知名度、美誉度、交通服务、互联网覆盖等代表城市形象和综合服务水平方面还亟待提高和急需改善。从过去十年40个季度的调查结果看，游客对包括青海在内的西部城市满意度低，主要归因于城市基础设施、公共服务和商业环境的现代化程度，而非狭义的旅游资源丰度和景区的等级[207]。事实上，很多西部城市的自然和历史文化遗产，无论是数据还是品质都是高于东部城市的，但环境支撑不足，也只能是望洋兴叹。目前青海旅游产品还是以观光旅游类为重，文化类旅游产品开发处于浅层次，缺乏挖掘开发，更没有形成规模，这也导致文化旅游相互渗透不深、缺乏竞争力。对于青海而言，当前要重点解决旅游供给和市场主体数量不足的短板。

（4）经济发展水平制约着文化旅游产业融合的推进

青海省由于受特殊的生态环境和自然地理等条件的制约，经济、社会、文化发展相对滞后，经济基础比较薄弱。除了自然条件艰苦，气候条件恶劣，产业发展相对单一之外，青海省还是一个多民族地区①，贫困发生率高于全国7.5个百分点。青海的贫困状况具有明显的“区域性、民族性、综合性、特殊

① 少数民族地区占全省总面积的98%，藏、回、土等54个少数民族的人口为280.74万人，占总人口的47.71%。

性"[①]。全省尚有部分地区仍未开放，这导致了省内经济发展的不平衡状态。随着市场经济加快发展，各类要素加速向条件较好地区流动和集中，省内不同地区、不同功能区和城乡之间发展不均衡的矛盾将进一步加剧。同时作为我国重要的水源地和生态屏障，青海生态环境保护压力大，经济发展与环境保护同步进行，所以经济发展无论是速度上还是力度上都受到一定制约。青海的经济发展具有鲜明的地域特色和民族特色，但是由于各种原因，青海具有优势的特色资源没有很好地开发出来，并没有形成真正意义上的特色产业。因此，像在青海这种经济、社会发展相对落后的地区，想将资源特色转化为经济特色，还需要相当长的时间和过程。目前，青海省的经济形势依然复杂、严峻，经济下行压力依然在持续加大，在这种形势下，更需要发挥金融的支持保障和促进拉动作用。文化旅游资源的开发需要大量资金，政府投入只是导向性的，主要投资必须依赖市场渠道。尽管青海省在投融资、资本市场上取得了很大的进步，但是相比经济发达地区还是相对滞后的，特别是直接融资仍然是青海省的短板。促进文化旅游产业融合发展的政策措施不够完善，缺乏两大产业融合发展专项资金，用于重点支持文化旅游公共服务设施、文化旅游基地。重点发展项目的建设缺少多元化的投资主体，没有充分调动民间资金和社会资金，对外商投资吸引力不足。当前，为了推动文化旅游产业的融合发展，也必须广开市场化的投资融资渠道，打破归属垄断、行业垄断和地区分割，积极寻找和引进有实力的战略性合作伙伴，扩张发展文化旅游产业的雄厚资本。

**2. 西藏旅游产业与文化产业融合的制约因素**

（1）经济发展不平衡影响着旅游产业与文化产业融合

随着大众旅游时代的到来，旅游由原来少数人的奢侈消费变成普通人的大众消费。作为绿色、朝阳、富民产业的全域旅游业，成为地方推进旅游业乃至经济社会发展的重要抓手。西藏依托秀美的自然风光、深厚的历史文化和淳朴

① 青海辖内面积72万平方公里，52%的贫困人口分布在占全省总面积97%的藏区，东部干旱山区贫困人口占42%，贫困集中度分散。

的风土人情，大力发展乡村文化游、民俗体验游、生态观光游，构建全域旅游格局，从而带动购物、住宿、餐饮等第三产业发展。但同时，开放程度极大地制约着西藏旅游的发展，也阻碍了旅游产业与文化产业融合。目前西藏对外开放的县（区、市）还是有限的，而许多未开发的地区恰好是生态资源富集区，也保留着珍贵的传统文化，各种不便严重制约了西藏全域旅游业的发展，也不利于旅游产业与文化产业融合。

（2）特殊的自然环境不利于旅游产业与文化产业融合

独特的地理位置在造就了西藏壮美、奇异景色的同时，也形成了隐含着一定风险的高原气候，这给游客群体带来了一定的影响和限制。交通是旅游和文化经济的命脉，也是西藏文化旅游发展的关键。目前的西藏旅游主要依靠航空、铁路、公路三种交通工具，但数量都很有限，再加上天气路况的影响，难以满足游客的需要。所以特殊区域造成的交通不便也是影响西藏旅游产业与文化产业融合的瓶颈因素。

（3）认识不到位也制约着旅游产业与文化产业融合

有些地区认识不到旅游产业与文化产业融合的重要性。有些人对立地看待发展文化旅游经济和保护生态环境的关系，忽视文化旅游经济为当地居民带来的经济利益；有些人对文化产业的发展存在认识上的误区，认为文化是一种精神领域的享受，是一种公益性的事业，没有将文化与经济效益联系起来；还有些人认为文化产业的投入是政府行为，与个人关系不大，所以民间发展文化产业的积极性还不高。要实现旅游产业与文化产业融合，首先就要认识到其对西藏经济社会发展的重要性，才能举全省之力来大力发展文化旅游产业。

（4）管理落后也制约着旅游产业与文化产业融合

没有形成现代营销理念，缺乏先进的文化包装、营销、推广机制，致使文化传播不能更快更好地更新观念，不能培养更加包容开放的思想。产品营销理念陈旧，不能发挥新媒体时代文化传播的优势，对文化产业的宣传力度不够，品牌意识还不够，文艺事业发展与文化产业建设“各自为政”等问题仍然存在，文艺创新力度也不够。文化产业缺乏有创意设计能力，有市场推广、园区管理等经验的综合性高端人才。

## 六、本章小结

本章在整理相关文献及产业融合理论研究成果的基础上，结合青藏高原多民族地区文化及民族旅游业的特征，分析了青藏高原多民族聚居区旅游产业现状、文化产业现状、旅游产业与文化产业融合的现状、两者融合发展中存在的问题及融合发展中的有利条件和制约因素，以此更好地了解青藏高原旅游产业与文化产业融合发展的实际情况，为探讨青藏高原多民族聚居区旅游产业与文化产业融合途径奠定一定的基础。

# 第四章 青藏高原多民族聚居区旅游产业与文化产业融合途径

基于以上对青藏高原多民族聚居区旅游产业与文化产业融合发展现状、存在问题、有利条件、制约因素等内容进行的科学阐述，本章就青藏高原多民族聚居区两大产业融合途径进行研究和探讨。

根据梳理的相关文献得知，“途径”一词是指达到某种目标或者通向某个目标的道路、方法。路径现在多指方式、方法，就是从起点到达终点的方式方法。“模式”一般指可以作为范本、模本的式样。模式本身是对现实生活的抽象化、概括化，是理论的提升和简化。综上所述，模式可以被看作“系统内部或系统之间各相关要素之间的组合方式以及运作流程的范式”。通常来讲，产业融合模式就是“产业针对特定对象进行的具有某种特色的融合方式和融合特点的概括性描述”，所以产业融合的模式可以理解为研究产业融合的方式和方法。

因此，从上述对路径和模式的解读，加之对青藏高原多民族聚居区旅游产业与文化产业融合的相关背景和发展情形的了解，笔者认为青藏高原多民族聚居区旅游产业与文化产业融合的途径就是指能够实现青藏高原多民族聚居区旅游产业与文化产业融合发展的方法和路径。也就是说本章研究的途径实则包括两方面的内容，即旅游产业与文化产业融合的路径和模式研究，如图 4-1 所示。

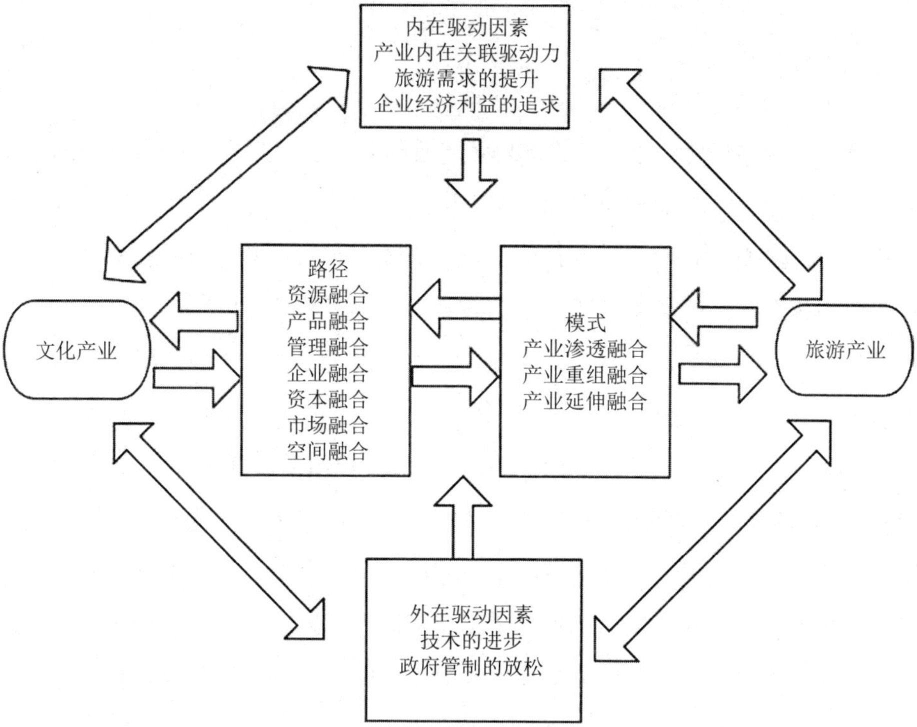


**图 4-1　青藏高原多民族聚居区旅游产业与文化产业融合途径**

## 一、旅游产业与文化产业融合路径分析

就青藏高原多民族聚居区旅游产业与文化产业融合发展现状和阶段来看，两大产业融合还处在初级阶段。因此，本章路径研究从两个方面进行分析：一方面分析青藏高原多民族聚居区旅游产业与文化产业现有的融合路径；另一方

面在现有融合路径分析及今后两大产业融合发展趋势基础上，提出未来青藏高原多民族聚居区两大产业融合的发展路径。

## （一）现有融合路径分析

### 1. 资源融合

（1）资源融合分析

资源融合路径主要是指整合原有的产业资源，其他产业以旅游资源的形式融入旅游产业，将其他产业资源与旅游资源进行重新整合。运用创新的理念和方法，通过组织、开发、利用其他产业的资源、产品，形成新的旅游产品，这样不仅使旅游产品的类型得以丰富，同时也使游客需求得以满足。

旅游产业与文化产业融合的基础就是旅游资源和文化资源的融合。通过挖掘旅游资源的文化性和提升文化资源的旅游性，充分实现两大资源的功能性融合。旅游资源在与文化资源的融合中，可以把旅游资源中的文化内涵和文化价值充分挖掘，凸显旅游资源的文化功能，满足游客的文化需求，实现文化资源和旅游功能的融合。文化资源在与旅游资源融合中，可以根据游客和市场需求，把对旅游者有吸引力的那部分文化资源开发出来，利用市场手段加以挖掘，增强其体验性和参与性，从而实现对文化资源旅游功能的提升和挖掘。

（2）青藏高原多民族聚居区资源融合现状

丰富的文化、旅游资源，成为青藏高原旅游产业与文化产业融合发展的载体。青藏高原的资源融合并非简单地资源嫁接和生搬硬套，具体的资源融合表现在以下几方面。

①以规划整合带动资源整合。文化旅游资源的整合其实就是在文化旅游整体发展规划下进行的整合。处在青藏高原区域的青海和西藏也各自进行了规划整合，在原有成熟线路基础上，做到了“大点带小点、长线引短线，宽面分窄面，大圈带小圈”的规划设计，实际上就是对文化旅游的“点、线、面”进行了整合。以青海省为例，青海省把精品线路中价值较高的景点作为大点，大点

结合的线路为长线，形成了昆仑文化旅游板块（以华夏历史文化、柴达木精神、盐湖文化、青藏铁路等现代文化作为代表）、三江源文化旅游板块（以展示雄险壮观的自然景观和粗犷淳朴的高原风光，还有独具民族特色的热贡艺术、藏戏艺术和以格萨尔说唱为代表的玛域文化等）、热贡文化旅游板块（以展示热贡艺术等艺术瑰宝为主要内容）、青海湖文化旅游板块（环青海湖文化旅游资源，突出民族风情、民族节庆、民族服饰和民族体育活动）、河湟文化旅游板块（以柳湾彩陶文化为代表的远古文化、以民歌“花儿”艺术为代表的青海民间文化）五大板块。通过规划整合同类文化内涵相似或者互补的小点资源，最终形成了“大圈带小圈，小圈促大圈”的互动格局。为了更好促进文化和旅游的融合，青海部分州县如海北州和黄南州分别做了文化和旅游融合的发展规划，对地方文化旅游的发展有一定的指导意义。同时，青藏高原多民族聚居区充分利用规划理念，根据不同游客的需求和层次，对旅游产品和旅游线路进行了不同种类的开发和完善，如针对年轻人推出“爱情游”“探险游”、针对老年人推出“宗教文化游”“民俗文化游”、针对欧美游客推出“宗教文化游”，等等，以此促进青藏高原文化旅游产业的良好发展。

②深入挖掘、创造文化旅游融合资源。在挖掘文化旅游资源方面，青海和西藏两省开展文化旅游资源调研普查活动，加大资源普查力度，撰写和出版相关旅游资源的图书。在系统梳理原有资源的基础上继续深入挖掘，研究资源属性，找准文化资源与旅游资源融合的切入点，最大限度发挥优势，突出资源特色，形成完善的资源融合体系，使极为丰富的旅游、文化资源得到充分利用。具体来讲，挖掘以藏族、珞巴族、土族、撒拉族、回族、蒙古族等的民俗文化，例如，以唐卡、堆绣、雕塑为代表的民间手工艺文化，以花儿、藏族小调为代表的民间艺术文化，吐谷浑、吐蕃为代表的历史文化，以昆仑山为代表的昆仑文化等标志性文化资源，建设文化产业园、博物馆、文化驿站、文化旅游景区等，举办民族工艺品会展，开展各种相关文化节，将更多未开发的文化展示给世界各地的旅游者。青藏地区正通过开发影视基地、动漫主题乐园，并深

入挖掘网络游戏等创意产业元素，打造出一系列新兴的旅游吸引物，丰富完善青藏高原的资源类型。

另外，青藏地区在自身优势基础上，可以更好地实现文化资源与旅游资源的融合。一是依托休闲元素创新融合资源。依托青藏高原的品牌，利用西宁、拉萨等城市的休闲元素，营造休闲文化旅游氛围，打造休闲、度假文化旅游产品，满足游客的休闲文化旅游需求，增强游客的体验性。二是依托文化创意元素创新融合资源。依托青海、西藏的重大节庆活动的举办，推出一系列文化旅游活动，同时通过文化资源和旅游资源的融合，活化文博产品，加大博物馆、文物馆的建设，尤其西宁博物馆群5A级旅游景区的创建将会对青藏地区文化旅游发展带来很大机遇。还可建设一批旅游文化创意产业聚集区，增强园区的旅游功能。三是依托世界遗产创新融合资源。以布达拉宫、大昭寺、罗布林卡等世界文化遗产为依托，同时联动周边景区重点发展遗产体验旅游产品；利用“音乐、舞蹈、戏剧”等极具青藏高原特色的国家级非物质文化遗产资源，通过兴建文化遗产类公园和博物馆、创作实景舞台剧、歌舞演艺等方式将文化遗产转化为旅游产品。

③将不可移动的文化资源整合为可移动文化旅游资源。青藏高原地区将不可移动的文化资源整合为可移动文化资源，具体做法表现在以下几个方面。

第一，以不可移动的旅游景区整合可移动的非物质文化资源。如果单独去开发一些可移动的非物质文化资源的话，不一定会对游客形成吸引力，达不到一定的市场影响力，旅游经济效益不一定好。那么此类的资源可以通过旅游景区来整合，使两者形成一种融合与互动的效应。这类模式适合民间文学类、民间音乐类、民间舞蹈类和民俗类遗产。在塔尔寺旅游景区展现著名的艺术三绝“堆绣”“壁画”“酥油花”；在西藏著名寺院表演佛教舞蹈，展现藏传佛教的民俗；青海的昆仑神山大典依托著名的昆仑山进行表演，西藏的特色服饰、舞蹈资源依托西藏文化旅游节、望果节、雪顿节以及在旅游景区中得以展示。这样人们既可以通过旅游活动了解、欣赏当地的文化遗产，又可以通过对这些遗产的认识增强旅游活动的体验性和参与性，借此提高游客对青藏高原文化旅游资源的整体认识。

第二，以物质文化遗产为载体，建立文粹园来整合可移动文化资源。青藏高原可移动的物质和非物质文化资源丰富、种类繁多、地域差异大，因此，青藏高原多民族聚居区建立文粹园，将区域内重要的可移动物质文化资源纳入园中，把当地的民俗、技艺通过一定手段、方法在园中按一定时间进行集中展示、展演、销售。通过这种方式来吸引游客，提高游客的体验性和参与度。例如，青海在黄南建立文粹园，集中展示黄南当地的民俗与技艺。因为对于黄南而言，有很多驰名国内外的民间手工艺和传统技艺，如堆绣技艺、唐卡技艺、雕塑技艺等，通过建立文粹园可以展示这些精湛的技艺，满足游客的文化旅游需求。此外，还可在文粹园表演传统体育、游艺与杂技，如青海互助土族故土园的轮子秋、安召舞等表演，不仅展示了当地的土族民俗风情，还吸引了游客眼球，形成互动。另外，作为世界文化遗产的布达拉宫本身就是独特的非物质遗产资源，其文化内涵丰富，文化价值巨大，充分体现了浓厚的藏族民俗风情，形成了很强的宗教文化氛围和地域特色。因此，青藏高原非遗文粹园的建立不仅给游客展示了青藏高原独特的宗教文化、历史文化、民俗文化等，还丰富了青藏高原多民族聚居区非物质文化资源的内涵、价值和意义。

④以跨区域合作整合区域内旅游文化资源。文化旅游资源具有很强的分散性和互补性，一个地区文化旅游的发展只有拓展至更大的区域范围内才会有突破性进展。对于青海和西藏来说，同处于青藏高原地区，文化资源具有相似性和互补性，两省通过合作，共同签订建立友好旅游合作协议书，开启合作。同时，两省也和别的省份共签建立友好旅游合作关系协议书，以“资源共享、信息互通、客源推介、交通互联、营销互动、互惠互利”的原则，共建无障碍旅游区。同时，青藏两省在资源整合过程中应该充分发挥各自的地域特色和资源特色，求同存异，加强与周边地区资源整合和区域联动合作。

例如，可以和西部地区合作，像陕西、四川等地，加强与其互动；可以借助“一带一路”等国家倡议，与沿线国家、地区和其他发达省份建立合作机制，整合区域内的文化旅游资源，加强区域内的交流合作，实现文化旅游的共同发展。同时，区域内外试行差异化开发和发展，形成各具特色的旅游产品，使青藏高原文化旅游与其他区域旅游发展形成互补，增强其他省份对青藏高原多民族聚居区文化旅游资源的依赖度。

（3）资源融合建议

目前资源融合发展中存在对可用资源未挖掘、资源保护力度不足以及缺少创新等问题。青藏高原地区宗教文化资源丰富，而目前对这些资源的挖掘和利用不够，很多资源游客未知。还有一些文化资源虽然具有极高的文化研究价值和旅游审美价值，但处于“待发现”的状态。青藏地区拥有丰富的非物质文化遗产，尤其是工艺美术与传统技艺，这些都是文化资源的重要组成部分，具有一定的文化价值和欣赏价值。而实际上这些文化资源中只有一部分实现了旅游功能，大部分还处于被动的局面。针对以上问题，应从以下几个方面开展融合。

第一，在资源的整合开发中，可充分发挥产业的联动作用，发挥青藏高原多民族聚居区文化旅游业的龙头带动作用，开发文化旅游产品，丰富旅游产业的内涵。要以旅游资源为纽带，以文化主题的发掘和提炼为切入点，将主题性较强、地方特色明显的文化资源串联整合起来，构建若干条有文化特色的旅游线路，丰富旅游文化内涵。

第二，从资源融合入手，必须把握资源内涵的多层次性和丰富性。青藏地区有着种类繁多、丰富多样的文化旅游资源，如饮食、建筑、生活习俗、民间工艺、体育娱乐等方面，可以通过市场手段挖掘其内涵和价值加以打造，尤其是把突出青藏高原特色的产品重点扶持、率先推出，从而打造出体现青藏高原特色的系列产品和品牌。

第三，青藏高原多民族聚居区要加工整合现有的分散的文化旅游资源，利用独特的民族文化旅游资源，在旅游品牌建设中融入特色文化，深入挖掘文化价值和内涵，打造共享型文化旅游产品品牌。构建旅游区旅游品牌（形象）体系，从而提升旅游产品的文化功能和文化形象，促进旅游产品的品牌建设和营销推广。

**2. 产品融合**

（1）产品融合分析

产品融合是文化产业和旅游业融合发展的核心，是两大产业融合发展的重要途径。产品融合是指借助创意、技术等手段，整合旅游产业和文化产业资源，开发出满足旅游者需求的文化旅游产品。

产品融合一般包括两个层次：一是产品设计生产阶段的融合。产品设计的过程中融入一定的创意，利用新手段、新技术创造和打造出具备文化、旅游功能的新文化旅游产品；二是产品组合融合。运用先进的技术、方法重新组合、整理旅游产品，把原来只是满足文化爱好者的那部分文化产品纳入旅游线路或旅游景区中，使其凸显一定的旅游功能，或者是挖掘提升旅游产品的文化内涵，实现文化、旅游产品的共享性，推动旅游产品和文化产品的融合。

（2）青藏高原多民族聚居区产品融合现状

青藏高原多民族聚居区旅游产业与文化产业产品融合的具体方式表现在以下几个方面。

①观光产品＋体验。随着旅游者需求的多样化，传统的观光旅游产品已经不能满足旅游者的需求，旅游者更加追求个性化和深度体验。近几年，青藏高原在立足宗教文化、历史文化、民俗文化、生态文化等资源的基础上，策划和推介一批精品旅游线路，重点开发了西宁—日月山—151 基地—鸟岛—原子城、西宁—拉萨、西宁—龙羊峡—官亭、西宁—玉树—拉萨、西宁—甘肃夏河、西宁—格尔木—甘肃敦煌、西宁—张掖—乌鲁木齐或西宁—格尔木—若羌—和田—喀什八大绝品文化旅游专线，并开发了三江源寻源、昆仑文化探源寻祖游、民俗风情旅游线、宗教建筑与艺术考察线、祁连山旅游线、盐湖观光科考旅游线、珍禽异兽观赏旅游线、阿尼玛卿转山旅游线、马可·波罗探险旅

游线、康巴藏区采风旅游线10条旅游精品线路。针对不同旅游者的个性需求，开发出徒步游、自驾游、农耕体验游等旅游产品和线路，增强了游客参与度和体验性。

②景区+非遗。在旅游景区建设中，文化创意与旅游景区开发互动有多种形式。一是在旅游景区内，向当地居民和广大中外游客展示一些具有鲜明地方特色以及艺术价值和审美价值的传统手工技艺、民俗文化，同时还可聘请民间艺人进行传统艺术表演。二是整合利用音乐、电影、曲艺等不同的文化艺术表现手法，将民间民俗文化开发成内容丰富、形式多样、具有较强吸引力的表演艺术旅游产品。三是以历史题材和民间传说为依托，充分运用现代高科技手段，融合音乐、曲艺、歌舞、杂技等艺术手段，打造具有地方特色的文化歌舞演艺类节目。通过这种方式营造旅游景区内的文化氛围和意境，使其成为旅游景区的重要文化旅游产品，吸引更多游客的到来。青藏高原多民族聚居区在旅游景点的建设和打造中也将上述文化创意引入旅游景区之中，尤其是将非遗项目引入，实现非物质文化的“保护性生产”。在拉萨八廓街举行传统锅庄表演、曲艺表演、非遗传统、古老游戏表演和体验等一系列常态化演出和文化展示活动；在日喀则扎什伦布寺每年藏历八月四日举行金刚神舞节；在青海祁连卓尔山旅游景区实现《天境祁连》等大型舞台剧的常态化演出，进一步充实了旅游景区文化内涵；西藏萨迦古城旅游景区建成占地23300平方米的八思巴文化广场，用于满足旅游为主的八思巴主题文化需求。旅游景区举办了“八思巴文化节”，还举办了藏戏表演、杂技表演、篝火晚会、体育竞技等十余项活动，系统地展示了萨迦非物质文化遗产和深厚的特色文化。同时，旅游景区还在萨迦纪事馆开辟演出室，组建民间艺术团，每天为游客表演两场萨伽索等歌舞；青海湟中区塔尔寺八瓣莲花非物质文化遗产传承体验中心成立，游客既可以参观体验到以民间手工传统技艺为主的“银铜器、雕刻、堆绣、泥塑、壁画、农民画、镶丝、唐卡、藏绣、石刻、手写经书、藏毯”等16种藏文化民间艺术品的制作技艺，还能参与体验“转经筒、藏式家具、法器展示”等为主的藏族民

俗生活，以及“跳锅庄、斗羊、摔跤、藏族夹棋”等体验藏族游戏舞蹈竞技为主的活动。这既增强了旅游吸引力，又对非物质文化的保护和传承具有积极的意义。

③旅游+产业园区。这种方式是对文化创意进行主题发掘和产业化开发，其实是文化产业将产业链延伸，开发旅游功能的过程。该过程对地域特色进行深度挖掘并迎合旅游者求新求变的内心需求，形成具有鲜明主题和特色的文化创意园区，使之成为新的旅游目的地。这个最突出的就是文化产业园区的景点化发展，凸显文化产业园的旅游功能。青藏高原多民族聚居区有大美青海玉文化产业园、青海高原创意文化产业园、热贡艺术文化产业园、贵德文旅创意产业园、大柴旦文化产业园等上百家产业园区，而且大部分园区已与旅游部门合作，让游客可以参观游览、体验和购物。虽然产业园区主要的功能是推动文化产业的发展，但可通过一定的展示和线路的设计，让产业园区既具有生产文化产品的功能，又具有参观游览体验的功能，实现文化与旅游的融合（见表4-1）。

**表 4-1　重点文化产业园区**

| 序号 | 园区目名称 | 建设内容及定位 |
|---|---|---|
| 1 | 西宁城南文化产业聚集区 | 演艺娱乐、文化旅游、影视动漫、创意设计为一体的文化综合体 |
| 2 | 全国藏文图书批销及仓储配送中心 | 图书仓储配送集散地 |
| 3 | 大美青海玉文化产业园 | 集珠宝玉石产供销、科工贸及旅游休闲、文化会展、创意设计为一体的大型文化产业综合平台 |
| 4 | 湟中民族文化风情园 | 集文化旅游、休闲娱乐、民族民间手工艺品等为一体的民族文化展示体验综合体 |
| 5 | 乐都区文化一条街 | 形成集南凉文化展示、特色餐饮、商贸购物、休闲旅游为一体的特色文化一条街 |
| 6 | 循化黄河石艺文化创意产品生产基地 | 建成黄河石艺画设计、生产加工、展示销售及撒拉族民俗风情体验的特色产业园 |

续表

| 序号 | 园区目名称 | 建设内容及定位 |
|---|---|---|
| 7 | 循化撒拉印象城 | 集休闲娱乐、旅游为一体的撒拉族文化展示体验综合区 |
| 8 | 大柴旦文化产业园 | 集休闲娱乐、住宿餐饮、温泉度假等为一体的文化旅游综合体 |
| 9 | 尖扎文化创意产业园 | 集休闲娱乐、藏民俗文化展示为一体的文化旅游综合区 |
| 10 | 热贡艺术文化产业园 | 集酒店、会展、演艺和商业休闲为一体的综合性热贡艺术文化产业园 |
| 11 | 贵德文旅创意产业园 | 集文化创意设计、工艺品加工、藏汉英数码科技产品开发、文旅产品等为一体的综合性文化创意产业园区。 |
| 12 | 天地人缘文化产业基地 | 集演艺娱乐、生态旅游、影视拍摄、创意设计等为一体的山水人文体验综合体 |
| 13 | 海南藏文化信息产业园 | 集互联网文化信息服务、藏绣生产、民族服饰加工等为一体的综合性藏文化信息产业园 |
| 14 | 天境祁连文化产业园 | 集演艺娱乐、展示体验、休闲购物为一体的综合性民族文化产业园 |
| 15 | 乌兰茶卡“天空之境”特色文化产业园 | 集休闲观光、演艺娱乐、文化旅游、影视拍摄为一体的特色文化产业园区 |
| 16 | 德令哈丝路创意产业园 | 集文化创意设计、演艺娱乐、文艺品加工、文化艺术交流、特色餐饮为一体的综合文化创意产业园区 |
| 17 | 玉树康巴藏文化产业园 | 集民族手工艺加工、唐卡制作、康巴文化风情街、歌舞演艺、创客空间、自驾游营地为一体的康巴藏文化产业园 |

资料来源：青海省文化和旅游厅

④旅游+传统民俗节庆。一个地方的民俗节庆活动能够充分地体现这个地方的民间文化，可以全方位地向游客展示当地的民俗风情，对游客有着极大的吸引力。把节庆和旅游融合，既可以起到保护和传承当地文化的作用，又可以延伸旅游产业链条，增加旅游收入。青藏高原多民族聚居区利用文化优势，除了传统的元宵灯会之外，将各个地方的民俗节庆也进行了挖掘和创新，近年来举办了众多的具有影响力的文化旅游节庆活动，如青海湖国际公路自行车赛、

中国青海世界杯攀岩赛、中国青海抢渡黄河极限挑战赛、青海湖国际诗歌节、青海国际唐卡艺术节与文化遗产博览会、拉萨文化旅游节、阿里象雄文化旅游节、昌都康巴文化艺术节等展会、节庆、体育活动，打造特色文化品牌。青藏高原相关的文化旅游企业整合，开发更多的以传统民俗节庆为特色的文化旅游产品，借力民俗节庆主题会形成极具青藏高原特色的新型节庆旅游业态（见表4-2）。

表 4-2 重大节庆活动

| 序号 | 节庆活动名称 |
|---|---|
| 1 | 青海文化旅游节 |
| 2 | 拉萨文化旅游节——雪顿旅游节 |
| 3 | 青海湖国际公路自行车赛 |
| 4 | 中国青海世界杯攀岩赛 |
| 5 | 中国青海抢渡黄河极限挑战赛 |
| 6 | 青海湖国际诗歌节 |
| 7 | 青海国际唐卡艺术节与文化遗产博览会 |
| 8 | 阿里象雄文化旅游节 |
| 9 | 昌都康巴文化艺术节 |
| 10 | 中国西藏旅游文化国际博览会 |
| 11 | 日喀则珠峰文化节 |

资料来源：作者搜集相关资料整理

⑤旅游商品＋文化。购物是旅游活动的重要组成部分，也是旅游六要素之一。实际上旅游商品一直是旅游六要素中的短板，通过发掘开发有地域特色的旅游商品，能够突出地方文化特质和纪念意义。而且，旅游产业与文化产业的互动，一方面延伸了文化产业链，另一方面增加了旅游商品的文化内涵，对于传播地方旅游形象、增加收入、促进产业发展方面均有重要的意义和作用。青藏工艺美术和传统技艺极具特色，对原有文化产品进行创新，突破了原来单一

题材，开发了不同类型便于游客携带，又具艺术价值的旅游商品。诸如唐卡、藏式木雕、藏绣、藏饰品、农民画、掐丝画、民族服饰、藏毯、石刻、镶丝、堆绣、皮雕、银器物、泥塑、刺绣、石雕、石艺画、昆仑玉、金银首饰、土特产等，由于题材富有新意，具有较高的艺术、观赏、审美、装饰、收藏价值，便于携带和运输，再加精巧的工艺，使游客接受度较高，因而成为旅游市场上成熟、热销的旅游商品。

⑥旅游介体＋文化。青藏高原多民族聚居区的每个地方基本上都有风格浓郁的特色餐饮。在旅游餐饮业发展中，青藏高原多民族聚居区充分挖掘和提炼了当地特色菜品的文化内涵和文化价值，运用一定的文化创意设计餐厅的建筑外形、内部装修环节和服务项目，利用独特的文化元素来提升酒店餐厅的文化内涵，营造使旅游者能够直接感知的文化氛围，从而打造出文化风格独特的旅游餐饮产品，让顾客获得个性化的入住和用餐体验。青藏地区有多个民族，这些民族的餐饮深受游客喜欢，像青海撒拉族餐饮、西藏藏族餐饮已经在全国有了一定的地位和影响。尤其青海在 2018 年 7 月举办的首届青海地方特色小吃大赛暨西宁美食节活动取得了非常好的效果。活动以地方特色美食为主题，充分挖掘地方特色美食文化，全面展示了青海地方特色小吃和美食文化。活动举办期间，游客人数达到 809 万人次，旅游收入达 8242 万元，文化旅游产业得到了大力的发展和提升。

⑦旅游＋演艺。旅游演艺一般是指在旅游目的地进行的且能够充分凸显地域文化特色或民俗风情的，以旅游者为主要观赏和参与对象的文艺表演节目和演出活动。一般认为，由深圳华侨城集团 1995 年在中国民俗文化村和世界之窗推出的艺术演出打开了国内旅游演艺的市场，而以张艺谋的“印象系列”实景剧为代表的系列实景演出则将国内的旅游演艺产品开发推向了一个新的高潮。旅游演艺在满足游客多元需求、完善旅游产品结构、弘扬民族地域文化、打造旅游形象名片、增加相关产业收入等方面的意义已经得到国内众多著名旅游目的地的广泛认可。

但在青藏高原多民族聚居区，得天独厚的高原生态环境、悠久灿烂的民族文化、丰富厚重的物质和非物质文化遗产资源并没有转化为具有特色的旅游演艺产品，旅游演艺产品在青藏高原多民族聚居区长期处于空白。但是随着社会经济的发展，青藏高原多民族聚居区也逐渐衍生出一些旅游演艺产品。2007年，拉萨先后推出了大型歌舞剧《喜马拉雅》、唐卡式歌舞剧《幸福在路上》，填补了青藏地区旅游演艺和夜间旅游产品的空白。2013年后，又有林芝大型常态原生态歌舞剧《寻找香巴拉》、拉萨首部大型高原实景剧《文成公主》、江孜大型原生态实景剧《江孜印记》先后上演，极大地丰富了西藏旅游演艺产品。其中，拉萨大型实景剧《文成公主》投资最大，接待观众最多，社会轰动效应最强。

### （二）未来融合路径选择

本书认为目前青藏高原旅游产业与文化产业融合的路径主要是资源、产品的融合。但随着社会经济的发展，旅游与文化产业融合的深入，未来将逐步探索更多的融合路径。笔者在充分调研文化、旅游市场，摸清市场发展现状，把握市场需求特点，寻求文化与旅游最佳融合点的基础上，研判未来青藏高原旅游产业与文化产业融合的路径将以资源、产品融合为主转向市场、企业、空间、管理以及资本融合为主，最终实现全方位的融合。

#### 1. 企业融合路径

企业是产业的主体，技术、产品和市场融合最终的执行和实施都是在企业层面。因此，企业成为旅游产业与文化产业融合的载体。从事文化旅游、文化会展、文物博物馆、娱乐、餐饮住宿等业务的企业可利用统一的运作平台，推动旅游产业与文化产业的融合发展。

目前青藏高原的文化企业和旅游企业基本属于各自为政，相互之间的合作还处于萌芽阶段，还未有企业融合的出现。企业间的合作主要还是通过会展活动积极推进的。政府可以通过举办文化旅游推介洽谈会、论坛、项目交易会等形式，推进文化企业与旅游企业的沟通与合作。例如，近几年，青海省大力举办大美青海旅游推介会、青海冬春季旅游产品推介会、青海品牌商品推介会、青海民族文化旅游节等活动，拓展对外合作渠道，通过旅游推介会和展销会等平台，加强与省内外企业的沟通和交流，寻求进一步合作的商机。与此同时，举办“青洽会”招商引资项目推介会等方式，鼓励以资本为纽带的文化、旅游企业间的合作，也可以实现企业间的优势互补、市场共享。同时，在一些景区以及大型商贸企业开始探索资源的整合开发，通过企业融合及一体化发展实现持续发展的企业发展之路。这是文化与旅游企业融合发展的积极探索，文化企业的资源优势、旅游企业的市场优势得以有效的整合，推动文化旅游业的发展。那么，今后青藏高原可从以下几方面进行企业融合。

（1）旅游景区与文化企业融合。与其他区域相比，青藏高原文化产业发展薄弱，文化企业发展缓慢，短时间很难形成专业的文化企业，青藏高原旅游产业与文化产业的企业融合应先从旅游景区企业与相关文化企业进行融合，从业务融合逐步发展为企业融合。旅游景区为文化企业提供市场，文化企业为旅游景区提供文化资源。例如，旅游景区可与工艺美术品的制造企业合作生产旅游纪念品，或是引进民族工艺品店、古玩店等，满足游客购物需求。甚至旅游景区可以请专业演艺团队表演，或是与相关文化单位联合合作，共同把文化旅游演艺产品推向游客和市场。再通过传媒文化企业进行辅助宣传，随着市场与合作的稳定，逐步形成融合的态势，深化企业融合，达到双赢的良性互动。

（2）技术融合推动企业合作。高新技术创新可引导旅游产业的升级融合、信息技术的广泛应用，也可促进旅游企业和文化企业的合作。青藏高原可以采用 O2O 模式，将线下与线上结合，实现交易或合作。如旅行社与旅游景区合作的同时还可与文化传播公司合作，旅行社可以通过文化传播公司搭建的平台，依据游客的需求制定旅游活动方案或是私人定制文化旅游线路，实现标准化和个性化的结合，满足不同游客的不同需求，从而获得更为丰厚的收益。

（3）组建文化旅游集团公司。随着业务融合的稳定，文化旅游市场的拓宽，要想减少文化企业和旅游企业进入壁垒，充分实现旅游企业和文化企业的融合，就得组建大型化、规模化、专业化的文化旅游集团公司。组建文化旅游集团公司，可以打破两大企业之间条块分割和限制，通过跨部门、跨行业联合生产文化旅游产品，整合两大企业的资源，有效利用两大企业资金，可以实现两大企业共享文化旅游产品、复合型人才和产品传播渠道，从而降低企业成本，拓展企业发展空间。

（4）处理好两类企业间的竞合关系。来青藏高原的旅游者购买旅游产品本质上是为了消费和享受文化，与此相对应，旅游企业成为生产、经营文化的企业。同时，一些从事文化产品设计、生产、制作和销售的文化企业也可以看作是提供旅游产品的企业，如旅游纪念品开发公司、文化传播公司等。旅游企业与文化企业的融合已经开始出现，但是在推进企业融合时需要处理好两类企业之间的“竞合”关系。

**2. 市场融合路径**

市场融合属于较高层次的融合现象，它是继技术融合、产品融合、企业融合出现之后的又一融合现象。市场层面的融合主要表现在产业的市场化运作、资本运营、品牌整合与培育、市场营销的创新等方面。

青藏高原的市场融合主要是通过挖掘和统一整合优势资源，统一资本运营，尤其是统一市场营销，来共同打造青藏高原区域特色品牌。具体路径主要有以下几个方面。

（1）整合营销渠道。以文化传播渠道的整合为导向，创新和改善市场营销方式。通过技术融合的基础，借用高新技术，通过文化创意、思维创新性开发新的宣传渠道和方式，综合运用网络、电视、广播、海报、报纸、橱窗等多种文化渠道，扩大对旅游产品的宣传促销途径。在青藏高原，对于一些国际公认、知名度高的旅游景点如布达拉宫、青海湖等可采用精品化旅游策略进行整合营销，对于一些非物质文化遗产景点可采用“情境营销方式”进行整合营销。尤其加大对非知名景点的营销，可通过举办一些旅游文化节庆活动，如青海和西藏现在每年都举办文化旅游节系列活动，吸引各地游客，进一步宣传青藏高原文化旅游资源。实现从传统营销向新媒体营销、节事营销、智慧营销、演艺营销、影视营销等的转变，形成全民宣传、全民参与的大营销格局。

（2）销售渠道的整合。通过对销售渠道的整合加速两大产业的市场融合。在青藏高原：一是可以借助原来的营销渠道宣传、销售文化旅游产品，增加原有销售渠道的种类，拓展和丰富文化旅游产品的宣传、销售渠道；二是可以借助旅行社的销售渠道宣传、促销文化类的旅游景区、景点；三是文化旅游产品、文化旅游线路和文化旅游景区可以借助旅游搜索引擎、OTA、旅游社区等网络平台来宣传、推介和营销产品；四是在营销方式上，利用分类营销、捆绑营销、有奖营销、季节营销、边体验边消费等销售方式销售文化产品和服务，旅游产品通过文化的包装，使其文化品位和内涵得到提升，增加了文化旅游消费者群体，同时文化产品通过旅游市场进行销售，不仅提高了文化产品的销售量，而且拓展了文化产品的市场空间。

（3）品牌整合与培育。充分挖掘和统一整合青藏高原区域内的所有旅游资源、企业和园区，统一资本运营，打造区域品牌产品、品牌园区和品牌企业，构建青藏高原文化创意旅游品牌体系，获得规模效应。首先，以文化旅游融合为方向，挖掘青藏高原物质文化与非物质文化资源内涵，打造一批占有较高市场份额的、具有良好美誉度和知名度的特色文化创意旅游品牌产品；其次，依托非物质文化遗产、古城古镇、特色文化街区等文化资源，以艺术聚落、特色街区、产业园区为重点，打造一批具有产业聚集效应和示范效应的旅游创意品牌园区；再次，以创意设计、演艺、传媒、文博旅游为重点，培育一批能够引领市场、有着先进理念的具有核心竞争力的文化创意品牌企业；最后，通过培育和打造区域品牌产品、品牌园区和品牌企业来提高青藏高原多民族聚居区文化旅游产品的知名度和竞争力，从而推动青藏高原多民族聚居区旅游产业与文化产业的融合发展。

（4）市场运作的融合。充分发挥政府在产业融合过程中的作用，形成以政府为主导，旅游企业、媒体、网络、创意企业共同参与的旅游目的地营销主体，开展丰富多彩的文化旅游宣传活动，从而达到旅游形象宣传的目的。

### 3. 空间融合路径

本书所指的空间不仅是地理意义上的空间，还包括硬性空间和柔性空间，主要体现在地理空间、生活空间、文化空间等。空间融合是在一定的空间范围内，消费者在同一空间下既满足文化消费需求，又满足旅游消费需求。伴随着产品和市场的融合，旅游产业空间与文化空间也最终得以融合。

青海省以建设“国家级旅游度假区”为目标，打造塔尔寺大景区旅游轴线，重点建设塔尔寺十公里文化旅游圈，形成西纳川、云谷川农业观光蔬菜采摘体验示范区、上五庄民族餐饮文化体验区、盘道休闲徒步风情观光绿园区、多巴园林花卉生态旅游区、鲁沙尔河湟文化与藏传佛教寺院文化体验区六大片区，扩大了文化产业和旅游产业的发展空间。文化生产伴随着空间生产，空间生产促进着旅游产业与文化产业的空间融合。实际上产业的发展有一定的空间限制，目前，很多文化企业、旅游景区都各自为政，缺少协作、资源闲置的现象普遍存在。在这样的空间格局下，如何实现空间融合，将对提升文化和旅游功能具有重要的实践意义。在建设产业园区的基础上，使空间得到有效利用，让闲置的空间“活起来”，使文化旅游产业园区既是商业经济空间，又是游憩体验空间，在功能上具有旅游产品生产和消费的同步性，而非单纯的提供生产基地。而且，随着经济的发展，具有独特文化的青藏地区会逐渐形成文化产业和旅游产业快速发展并高度聚集的态势，进而促使旅游者、标志性景观和创意空间在青藏地区的高度集聚和深入融合。同时，青藏地区的创意空间因其自身的文化、创意和艺术而成为青藏地区主要的旅游吸引物，由此围绕创意空间而成为区域旅游重要的目的地、集散地与中心地。

### 4. 管理融合路径

要想更好地实现旅游产业与文化产业的融合，青藏地区需要从以下几个方面来实施管理。

（1）健全文化和旅游资源保护机制。青藏高原多民族聚居区非物质文化遗产丰富，西藏和青海两省的国家级非物质文化有200多项，既有工艺美术与传统技艺类，也有传统音乐、舞蹈、民俗和游戏项目。这些都是珍贵的文化遗产，而如今很多非物质文化遗产都面临后继无人、发展艰难的困境。随着旅游业的发展，越来越多的管理者和经营者意识到了文化生产在旅游开发中的重要作用，培育了文化旅游新业态。传统文化通过旅游开发获得了新的生机和活力。文化实现了生产中保护、保护中利用的目的，形成了生产—利用—保护—传承的路径。

第一，青藏高原多民族聚居区应该根据自身的资源禀赋和文化底蕴，研究文化旅游市场需求，发现两大产业的融合关键点和契机，寻找适合本地的融合路径或模式，形成两大产业的多渠道融合；第二，在整合文化和旅游资源的基础上，认识到文化和旅游之间的关系就是“灵魂与载体”之间的关系，两者相互影响，相互带动，通过开发文化旅游产品，把资源优势转化成产品优势；最后，可以通过主题推介、节庆会展、网络促销等方式，加大对青藏文化旅游品牌的推介力度，也可以从非物质文化保护和利用的视角积极探索文化生产性保护的路径，实现旅游开发与生态保护两者之间的平衡。对于青藏高原多民族聚居区旅游与文化产业融合发展而言，应该充分发挥市场机制的作用，不断推陈出新，开发新的文化旅游产品，满足游客需求，同时以供给创造需求，引领消费的时尚潮流，也是增强旅游产业与文化产业效益的必然选择。

（2）创新旅游和文化管理体制及运作机制。第一，从发展“大文化、大旅游、大产业、大市场”角度出发，理顺文化和旅游两大部门的管理体制，建立高效、协调、统一和共促发展的文化旅游产业部门，实现对两大产业的统一管理，使文化旅游资源多头管理、政出多门、职能交叉的状况得以改变。随着文化部和国家旅游局的合并，青海和西藏两省的旅游部门和文化部门也已融为一体，从而更好地实现两者融合。第二，组建文化旅游产业集团，建立统一、协调、有活力的符合市场经济规律的文化旅游管理体制。第三，突破地区、部门、行业、企业间的“壁垒”，统一审批和规划，妥善处理两者之间的关系，实行文化与旅游的无缝连接。加强与相关部门之间的合作，形成“政府主导、文化旅游部门主管、相关部门联动、社会参与”的旅游和文化融合发展机制，定期召开联席会议，及时解决发展过程中的各类问题，为文化和旅游部门的深度融合提供保障。

（3）创新两大产业融合发展投入机制。政府可以通过制定优惠政策、提供资金支持、搭建平台等形式来促进青藏高原旅游产业与文化产业的融合发展。出台有针对性的调控政策手段，鼓励民间资本、社会资本投资文化旅游项目，允许文化旅游市场中有社会资本的存在，从而解决文旅企业的具体问题。出台一系列法规和条例，来规范和服务文化产业和旅游产业的融合发展和正常运行。采用各种方法鼓励企业发展，解决行业壁垒和障碍，改善文化旅游发展大环境，整体宣传、营销文化旅游形象，促进两大产业的融合发展。

**5. 资本融合**

产业资本由无形资本和有形资本两部分构成。多年来，文化产业的发展注重于对非物质文化遗产、文化创意、知识产权等知识资本汇集形成的无形资本的运营。而旅游业的发展主要注重以旅游资源、旅游商品等为基础的有形资本的扩张，在文化产业和旅游产业融合发展的过程中，资本的融合其实就是无形资本和有形资本的融合、重组和延伸。

青藏高原多民族聚居区文化产业和旅游产业资本融合的路径主要有两种：一种是社会资本进入文化旅游产业；另一种就是两个产业之间有形资本和无形资本的融合。

（1）旅游产业和文化产业之间的资本融合。在旅游产业和文化产业融合的过程中，按照市场要求，进行产业价值链的融合。旅游企业对文化产业进行资本融合，旅游企业适度调整原有的产业价值链，一方面，可以盘活、利用闲置资产和不良资产，将这些资产变现以便回笼资金，另一方面，可以引入全部或部分无形资产用于文化产业结构的升级和产品的打造。这一资本融合既实现了旅游企业通过文化创意、品牌、商誉等无形资本融入提高文化附加值的要求，又能扩大企业规模和经营范围，增强企业竞争力，实现范围经济要求。文化企业对旅游产业资本进行融合，利用旅游资本对非物质文化遗产、文化创意等进行商品化、有形化，旅游功能的增加达到文化企业服务能力和盈利功能的增加，实现文化产业价值链的重组和延伸，从而使文化产业结构得以升级和优化提升。旅游企业和文化企业适度融合各自掌控的有形资本和无形资本来推动资本之间的流动，优化资本配置效果，促进产业结构升级和推动企业的快速发展。

（2）社会资本融入文化旅游产业资本。将大量的民间资本、社会资本引入文化旅游产业的发展，不仅可以扩大投资规模，增加产业资本的投入，解决产业发展中资本投入不足的难题，而且还可以促进投资主体多元化，发挥资本优势促进文化旅游产业的所有权、经营权和使用权的分离，提高资本运行效率。引导社会资本融入文化旅游产业的举措主要有：第一，鼓励金融机构和民营企业、国有企业等的深度合作，建立多元化投融资平台，以控股、直接投资、租赁、并购、参股等方式引导社会资本进入文化旅游产业；第二，鼓励创新创业，支持一些有想法、有实力、有能力的个人创办文化旅游企业；第三，运用PPP（政府和社会资本合作）、BOT（建设—运营—移交）、BT（建设—移交）等合作方式进行项目融资，实现社会资本融入。

总的来说，本书认为青藏高原多民族聚居区旅游产业与文化产业融合的路径主要体现在以上七个方面，而在实践中，各个融合路径并不是单一、孤立的，而是相互作用、相互促进的。甚至有些融合现象或结果的产生是由多种路径共同推进的。同时，也可以根据具体的融合现象调整相应的产业融合发展路径。其中，产业融合的基础是资源融合；企业是产业融合的主体或载体；产业融合的核心是产品融合；产业融合的特色是管理融合；空间融合是产业融合的集聚；资本融合是产业融合的保障；产业融合的最终结果就是市场融合。因此，青藏高原多民族聚居区旅游产业与文化产业融合的整个过程便在上述七种路径的融合与发展中逐步实现（如图 4-2 所示）。

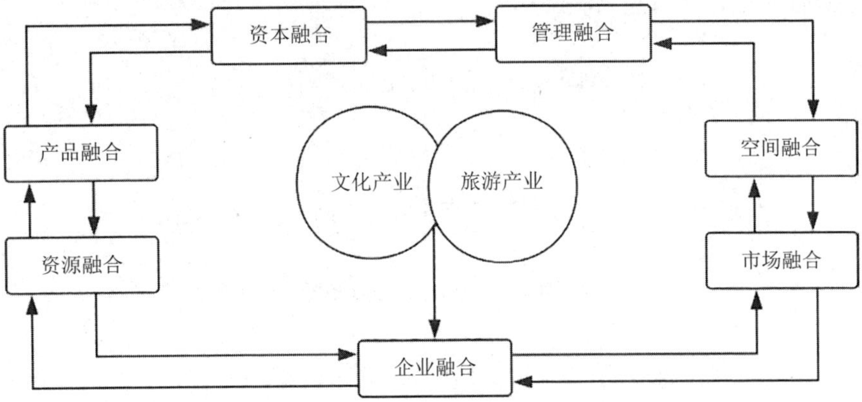


图 4-2 青藏高原多民族聚居区旅游产业与文化产业融合路径

## 二、旅游产业与文化产业融合模式分析

### （一）现有融合模式分析

#### 1. 重组型融合模式

重组型融合是指产业之间并没有紧密的联系和关联，但是由于某种共同利益的诱导，使不相关的产品或服务打破界限，进行整合，逐渐融合成一体的过程。旅游产业和文化产业是第三产业，两者打破原有的产业价值链，经过重组融合，实现资源的整合，打造出新的文化旅游产品，形成新的文化旅游产业链，进而构筑出文化旅游产业新业态。文化产业和旅游产业以会展和节庆作为产业融合的纽带，通过产业活动重组的方式来实现两者的融合发展（见图 4-3）。通过举办大量的节庆会展活动，吸引大量的人流来参加，从而可以带动当地经济的大力发展。同时，依托节庆会展，借助当地的各种旅游资源，通过两大产业资源的整合、产业活动的重组，打造出全新的文化创意旅游产业

形态。这样当地的文化创意产品得到了传播和销售，推动了两大产业的融合发展，同时又提升了当地的旅游形象。

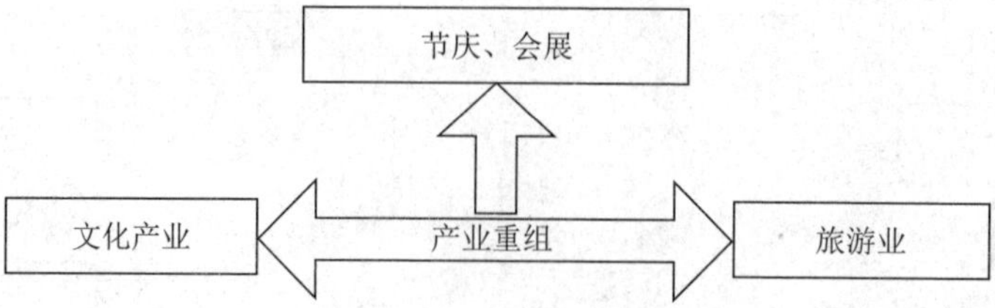


**图 4–3　重组型融合模式**

青藏高原多民族聚居区利用文化优势，除了传统的元宵灯会之外，将各个地方的民俗节庆也进行了挖掘和创新，近年来举办了众多的具有影响力的文化旅游节庆活动。如青海湖国际公路自行车赛、青海省文化旅游节、中国青海世界杯攀岩赛、中国青海抢渡黄河极限挑战赛、青海湖国际诗歌节、青海国际唐卡艺术节与文化遗产博览会、拉萨文化旅游节、阿里象雄文化旅游节、昌都康巴文化艺术节等展会、节庆、体育活动，打造特色文化品牌。这些节庆和会展活动的举办吸引了全国各地的游客，带来了丰厚的旅游收入，而且这些节庆活动的举办使青藏两地的城市形象得到了提升。通过将青藏高原的文化艺术与当地的特色资源进行整合，旅游产业和文化产业重组，使青藏高原多民族聚居区旅游产品的观赏性和体验性尽显，还可以使当地的经济和社会双重效益得到有效提升。以青海省文化旅游节为例，青海接待了上百万的游客，文化旅游节之后，旅游业更是蓬勃发展。青海的游客量大幅度增长，这不能不说是青海文化旅游节的影响。

**2. 延伸型融合模式**

延伸型融合主要是通过产业经济活动的功能互补和延伸来实现产业间的融合，通过产业之间的相互延伸，将原来产业之间的边界和业务打破，彼此之间产生交叉融合，结果赋予原有产业新的产品附加价值和功能，提升了原有产业的竞争力，不仅满足了市场的需求，也促进了产业结构的升级。青藏高原多民族聚居区旅游产业和文化产业的延伸型融合模式，根据延伸的方向性分为两种融合模式：文化产业向旅游产业延伸融合模式、旅游产业向文化产业延伸融合模式。

（1）旅游产业向文化产业延伸融合

青藏高原旅游产业向文化产业延伸模式主要是文化产业企业为了寻求新的增长点，根据原有企业拥有的资源、技术和市场条件，在自己的产业中延伸了旅游业的运行模式，达到了文化产业增加了旅游功能这一目的。主要表现在赋予文化产业园区、文化产品生产基地旅游功能，利用文化产业园区和基地的空间载体，实现旅游的功能，通过文化产业和旅游产业功能互补来实现两者之间的融合发展。在青藏高原地区的主要表现形式为各种文化产业园区，主要代表类型有以热贡艺术文化产业园区为代表的文化产业园区。热贡文化产业园区是一个集热贡文化产品设计、制作、交易、研发、人才培训为一体的园区。而且园区本身也是一个特殊的旅游景点，旅游者喜欢到这个富有文化气息的园区参观游览，他们不仅可以看到各类艺术品的生产过程，还可以体验参与到创作过程中。热贡产业园区通过在园区设立供游客观赏的展示区、以体验为主的体验区、以服务为主的接待区等旅游功能区，将园区打造成一个新的景区，拓展了热贡产业园之外的旅游功能。它的打造吸引了大量的游客，园区有了一定的人气，形成了一定的品牌效应，推动了文化旅游产业的快速发展。

（2）文化产业向旅游产业延伸融合

青藏高原文化产业向旅游产业延伸模式主要是旅游企业除利用现有的旅游资源外，还加入了有着自身优势的文化产业，运用独特的文化资源、市场、技术创造新的旅游产品。旅游产业延伸了其原来的价值链，一部分文化产业的功能融入旅游业中，旅游业因此拥有了丰厚的文化内涵和较大的影响力，提高了旅游业的价值，实现了两者的融合发展。具有代表性的就是拉萨的实景剧《文成公主》。像布达拉宫具有很高的知名度，本身具有很浓厚的宗教文化氛围，但是作为一个单纯的旅游景点，游客停留时间较短，除了门票之外没有别的旅游收益。通过文化产业的延伸融合，在夜晚进行大型的《文成公主》实景表演，不仅延长了游客的逗留时间，还增加了住宿和餐饮收入。所以通过打造的《文成公主》实景剧，既增加了景区的内涵，丰富了旅游产品的内容，同时文化也通过景区的知名度得到了更好的保护、传承和发展。

### （二）未来融合模式分析

青藏高原多民族聚居区旅游产业与文化产业的未来融合模式主要是渗透型融合模式。这种模式主要是在技术创新或管理创新的推动下，通过技术的渗透融合，将原属于不同产业的价值链活动环节，全部或部分渗透到另一产业中，相互融合，形成新的产业（如图 4-4 所示）。在这一方式下，原属于不同产业的价值链环节或产业经济活动相互交融在一起，因而大大扩展了原有产业的价值链内涵，使融合的产业具有更丰富的产业内涵、更强的产业增值能力。这种模式融合后的产物主要就是网络游戏、动漫乐园、主题乐园等。

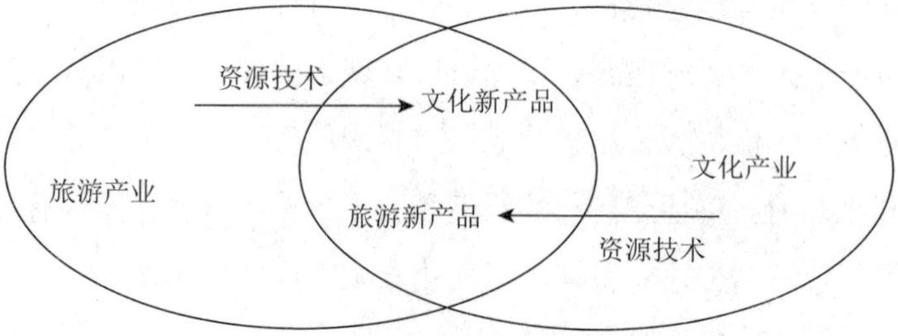


**图 4-4　渗透型融合模式**

综合以上三种模式，本书认为，延伸型产业融合模式最简单，也最容易实现，不需要太多的资金投入，但需要政府的扶持和引导；而渗透型融合模式最难实现，需要大量的资金投入和高科技的支持，注重管理模式的创新，更重要的是需要企业之间的大量合作，同时还需要既懂文化又懂旅游的复合型人才进行产品开发；重组型融合模式介于两种模式之间。因此，就青藏高原地区来说，旅游产业与文化产业的融合主要是资源融合，很少有技术融合，因此，延伸型模式和重组型模式成为两大产业的现有融合模式。今后也要充分利用文化载体，推动渗透型融合模式的发展。

## 三、旅游产业与文化产业融合途径实证研究——以湟中区为例

### （一）湟中区旅游与文化产业融合现状

近年来，湟中区把培育壮大特色文化旅游产业作为调整产业结构、转变发展方式的有效支撑点，积极探索文化旅游融合发展的途径，全力打造文化旅游品牌。当地陆续出台《湟中区文化旅游产业发展指导意见》《湟中区促进文化旅游产业融合发展行动方案》《湟中区文化旅游体育领域供给侧结构性改革行动方案》等，是促进湟中区旅游产业与文化产业融合发展的动力之一，也为湟中区旅游与文化产业融合提供了契机。依托本地厚重的传统文化积淀和独特的地域特色文化，按照“坚持先进文化方向，加快推进文化资源大区向文化产业发展大区迈进”的发展目标，立足宗教文化、河湟文化、生态文化等文化旅游资源，大力实施文化旅游产业推进工程，基于可持续发展和绿色发展的产业定位，逐步完善旅游基础设施和服务设施。先后建成游客服务中心、商业步行街、景观廊道艺术墙、香巴林卡演艺厅、八瓣莲花非物质文化遗产传承体验中心等，成为旅游产业与文化产业融合发展的强劲推动力。全面发展的旅游产业和独具特色的文化产业，为湟中区推动文化与旅游互融共赢提供了得天独厚的条件和优势。

#### 1. 旅游对特色文化产业的促进

（1）提供特色文化产品的展示平台

目前，湟中区形成了以“农民画、壁画、堆绣、泥塑、雕刻（木雕、砖

雕、皮雕）、藏毯、镶丝、银铜器”为代表的“八瓣莲花”文化品牌以及“八瓣莲花”文化旅游产业园、陈家滩特色文化旅游产业园、青海藏文化馆民族创意产业园为代表的园区发展模式，文化产业逐步走上了规模化、品牌化、市场化。截至 2016 年年底，湟中区文化企业有 943 家，生产加工基地 21 个，“八瓣莲花”文化产业龙头企业 8 家，文化产品加工点 300 个，省内外销售点 500 余家，形成了以灯韵、曲韵、歌韵、舞韵、鼓韵、武韵、墨韵、学韵为主的“湟中八韵”。开发出了以农民画、堆绣、镶丝为代表的旅游纪念品，在旅游景区外集中展示和销售，丰富了湟中区旅游商品的种类，同时也促进了特色文化产品的销售。

（2）扩大特色文化产业的市场发展空间

地处湟中区的塔尔寺旅游景区是青海省的王牌旅游景区，年均游客接待量达百万人次，再加上近几年湟中区重点发展乡村旅游、民俗旅游活动以及旅游节庆活动，这些活动在客观上给特色文化产业的发展提供了受众。因为仅靠本地的观众难以创造出规模巨大的客源市场，而除了直接参与旅游业相关活动的旅游者外，还有很大一部分旅游者文化消费的需求。这一庞大消费群体的需求，是开拓特色文化产业市场空间的重要力量。随着湟中区游客的增多，也让更多的人通过这些文化产品了解了湟中区的地域文化和民族文化特色，无形中增加了文化交流与推广的机遇。现在湟中区文化企业生产的银铜器、木雕、藏式家具等特色产品能够远销尼泊尔、印度等国家，开拓了特色文化产业的市场空间。

**2. 文化对旅游产业的支撑**

（1）丰富旅游业的内涵和外延

现代旅游业已从传统的观光游览向文化体验转变，旅游市场需求从单一向多元化转变，游客需求趋向精神和文化需求。特色文化为湟中旅游业注入持续发展的生机和动力，并丰富其内涵和外延。随着对文化旅游业的重视，湟中区打造文化旅游品牌，延长旅游产业链条，辐射带动其他产业发展。通过挖掘本地特色文化，在旅游业的价值链活动环节融入文化元素，将民族文化资源转变为旅游产业的优势点：举办塔尔寺酥油花元宵灯节、群加国家级森林公园金露梅旅游节、环塔尔寺莲花湖景区秋季徒步自行车摄影休闲体验游、“八瓣莲花”工艺品设计大赛等旅游节会活动，满足游客多元化的旅游需求；将“非遗”展示与旅游景区相结合，河湟曲艺、青海花儿等表演艺术的常态化演出，丰富了旅游的文化内涵，进一步提升了湟中文化旅游知名度。

（2）拓展旅游活动项目

要想满足游客的多样化需求和个性化需求，必须创新旅游活动和旅游产品。将地域特色文化进行创新和突破，将具有丰富内涵的文化与旅游活动结合起来，可以丰富旅游产品的类型。湟中区目前依托区位优势、自然和人文旅游资源特色，推出了乡村自驾游、生态徒步游、河湟文化游等旅游产品，从传统的观光游览转变为集观光、休闲、娱乐、体验为一体的立体旅游产品，旅游活动呈现主题化发展的趋势。

**表 4–3　湟中区一日游精品线路**

| 目的地 | 形象口号 | 依托资源（支撑景区） |
|---|---|---|
| 鲁沙尔 | 转山转水，博物馆群 | 塔尔寺、刘琦庙、八瓣莲花非遗传承体验中心、青海藏文化馆、河湟文化博物馆、河湟苑、莲花湖 |
| 西纳川 | 田园西纳，卡阳风情 | 玉拉千栋温棚果蔬采摘、乡趣卡阳旅游度假风景区、慕家酩馏影视村、尼麻隆美丽乡村、包勒村稻草人 |
| 云谷川 | 云谷烟雨，卡约人文 | 青绿元生态农庄、云谷川水库、峡口美丽乡村、娘娘山 |
| 南朔山 | 万亩花海，南朔魅影 | 大源万亩油菜花海、南朔山、农家乐 |
| 共和镇 | 山水共和，湖峡牧云 | 嘎珠寺、宗喀巴母亲故居、苏尔吉美丽乡村、盘道水库、东岔风景区 |
| 群加乡 | 自然遗产，林海鹿鸣 | 国家级森林公园、下圈美丽乡村、桑丹楞寺、自驾车营地、原始森林 |

资料来源：根据湟中区政府官网资料整理

从湟中区一日游精品线路（见表4-3）上可发现，线路的设计融合了自然景观与人文景观、物质文化遗产与非物质文化遗产，突破了简单的观光游览，融入文化元素，不仅在传统旅游项目的基础上力求创新，开发出可以满足不同层次、不同年龄、不同文化背景及兴趣爱好的游客需要的旅游项目。

## （二）湟中区文化旅游产业融合发展中存在的问题

湟中区在发展文化产业和旅游产业方面拥有较好的资源禀赋和政策支持机遇，因此，着力推进这两个产业间的融合势在必行。尽管近年来湟中区旅游产业与文化产业融合发展取得了一定的成效，但旅游产业与文化产业融合发展过程中也还存在融合程度低、领域不宽广、产业延伸不够等问题，具体表现如下。

### 1. 产业发展程度低，旅游产业与文化产业融合尚处于初步阶段

湟中区政府非常重视文化旅游业的发展，并出台了旅游产业与文化产业发展的政策和措施，但总体发展步伐缓慢。目前文化企业和旅游企业各自为政、分散经营，企业积极性和主动性较低，仅停留在浅层次的旅游与文化的结合上，个性化极强的文化旅游资源没有形成产业优势。大部分文化企业规模小，品牌附加值低，缺乏具有核心竞争力的产品，文化产品同质化现象严重。文化旅游产品还不够丰富，缺乏文化内涵的深层挖掘，传统的观光型产品仍占据绝对份额，建立在湟中特色文化基础上的旅游产品和旅游线路较少。目前湟中区的文化旅游项目正在建设中，还未凸显效应，亟待加强深度及扩大融合范围。

### 2. 文化产品市场认可度低，旅游产品的文化附加值较低

湟中区拥有独特的民族工艺产品等，农民画、银器、镶丝、堆绣虽特色鲜明，但受经济、生态、自然等因素的制约，产品还不够丰富，文化资源缺乏有效整合，宣传与促销不够，营销手段较为单一，文化产业的整体形象还不够鲜明、突出，市场认可度有待提高。湟中农民画发展虽起步较早，但仍处于摸索

阶段，主要以零散销售居多。堆绣艺术基础较好，又有传统优势，但由于受观念、资金、人才等因素的影响，产业化发展较慢，市场化程度还不高，创作队伍还较薄弱，并且没有良好的销售平台，影响了艺人的制作积极性，进而影响了艺术的传承。银铜器加工、藏毯、镶丝、木雕、泥塑、壁画有一定的市场份额，但都是分散经营，缺乏规模，文化品牌意识弱。从目前的发展情况来看，具有地方特色的文化商品与旅游市场接轨太少，文化价值挖掘不深，旅游产品的文化内涵较为薄弱，旅游产品对特色文化展示程度较低，旅游经济的收益率与旅游、文化资源的丰富性相比不够等，这些问题已经成为制约湟中区旅游产业与文化产业融合发展的关键因素。

**3. 缺乏复合型创意人才**

目前湟中区文化旅游从业人员由于年龄、技能、知识储备等限制，很难适应创新发展思路的现代文化企业，人才的供给无法满足两大产业融合发展对人才的需求。可以说湟中区的文化旅游产业在创意、策划、文化旅游产品的研发和销售各个环节都缺乏人才，很难适应新时代、新形势下湟中文化旅游融合发展的需要。

### （三）湟中区旅游与文化产业融合路径分析

鉴于自身的经济、社会现状，湟中区在现有的人力和物力条件下，旅游与文化产业目前融合的主要方式是资源融合和产品融合。

**1. 资源融合路径**

2016 年，湟中区政府发布《促进文化旅游产业融合发展行动方案》，目的是将文化与旅游文化融合落到实处，使文化旅游业真正成为拉动县域经济增长的朝阳产业和支柱产业。在两个产业的融合中，资源融合是基础。湟中区历史文化、宗教文化、民族文化资源丰富，湟中农民画、雕刻、堆绣、镶丝、铜银器、藏地毯、壁画、泥塑都是具有代表性的文化资源。除此之外，河湟曲艺、却西德哇古老游戏、高台高跷都是有当地特色的民俗文化。这些文化资源具有突出的特色、审美价值，是重要的旅游资源。在两者融合过程中，旅游的优势在市场，文化的优势在内涵，两者的优势为两者融合发展提供了坚实的基础。

2. 产品融合路径

旅游产品是吸引游客的第一要素，在旅游产品的开发过程中，应注重民俗文化、历史文化与地方区域文化的深入挖掘，加强游客的参与性和体验性。

（1）产品融合现状

湟中区以建设“著名藏传佛教文化旅游圣地、国家级旅游度假区、国家级文化产业示范区”为目标，非常重视旅游产业与文化产业的融合发展，在加强政策扶持、政府引导的基础上，把文化产业重点建设项目纳入湟中区重点扶持的项目以优先支持，积极探索路径，广泛吸纳社会资本进入文化产业。积极争取国家、省、市文化产业发展资金，逐步加大对文化产业的扶持力度，给湟中区旅游产业与文化产业融合提升带来了前所未有的发展机遇。所以需要创新技术和产品，加大旅游市场和文化市场的开放力度，促进文化与旅游融合，真正把湟中区的文化资源优势转化为现实的文化产业优势。实现由观光游向休闲文化体验游转变，由一季游向四季游转变，促进旅游从“食、住、行、游、购、娱”向“商、养、学、闲、情、奇”的升级发展。

（2）融合的具体方式

①观光产品＋体验。随着旅游者需求的多样化，传统的观光旅游产品已经不能满足旅游者的需求，旅游者更加追求个性化和深度体验。近几年，湟中区在立足宗教文化、河湟文化、卡约文化等资源的基础上，策划和推介了一批精品旅游线路，重点开发了西宁—塔尔寺—南佛山—藏文化馆、西宁—上新庄静房寺—群加桑丹楞寺、西宁—藏文化馆—塔尔寺—刘琦庙、西宁—多巴高原体育训练基地—拦隆口马家窑文化—上五庄水峡、西宁—李家山卡约文化—云谷川水库等文化旅游专线，并开发了云谷川乡村自驾游、西纳川生态徒步游等10条乡村旅游精品线路。

②景区＋非遗。在旅游景区建设中，将非遗项目引入，实现非物质文化

的“保护性生产”。目前湟中区旅游景区中已有一部分实现了非遗项目的展演。在原有老牌旅游景区的基础上，目前重点打造群加“凤凰部落”景区、乡趣卡阳休闲度假风景区、上新庄温泉养生度假区、青海国际园林博览会园博园、新华联国际旅游城、多巴高原训练基地、多巴西部高原自驾游集散基地、莲花湖 8 个旅游景区。在宗喀驿步行街进行传统社火高跷表演、锅庄表演、曲艺表演、却西德哇非遗传统古老游戏表演和体验等，开展一系列常态化演出和文化展示活动。在香巴林卡民族风情演艺厅实现《天域天堂》《古道传奇》等大型舞台剧的常态化演出，进一步充实了旅游景区的文化内涵；2015 年八瓣莲花非物质文化遗产传承体验中心成立，游客既可以参观体验到以民间手工传统技艺为主的银铜器、雕刻、堆绣、泥塑、壁画、农民画、镶丝、唐卡、藏绣、石刻、手写经书、藏毯等 16 种藏文化民间艺术品的制作技艺，还能参与体验转经筒、藏式家具、法器展示等为主的藏族民俗生活，以及跳锅庄、斗羊、摔跤、藏族夹棋等藏族体验游戏舞蹈竞技活动。

③旅游 + 产业园区。湟中区目前有八瓣莲花文化产业园区、青海藏文化馆民族创意产业园、陈家滩特色文化旅游产业园等，有部分园区已与旅游部门合作，让游客可以参观游览、体验和购物。虽然产业园区的主要功能是推动文化产业的发展，但通过一定的展示和线路的设计，可以使产业园区既具有生产文化产品的功能，又具有参观游览体验的功能，从而实现文化与旅游的融合。

④旅游 + 传统民俗节庆。湟中区利用本土文化优势，除了传统的元宵灯会之外，将各个乡镇的民俗节庆也进行挖掘和创新。近年来举办的乡村美食节、民俗文化旅游节、乡村文化旅游节等对于促进湟中区旅游业的发展起到了极大的推动作用。

⑤旅游商品 + 文化。湟中区工艺美术和传统技艺极具特色，目前以堆绣、掐丝、银铜器等进行创新，突破了原来单一的题材，开发了不同类型的便于游客携带、又具艺术价值的旅游商品。诸如湟中农民画、湟中镶丝、堆绣、皮

雕、藏毯等，由于题材富有新意，很多文化商品纯手工制作，具有较高的艺术、观赏、审美、装饰、收藏价值，便于携带和运输，再加精巧的工艺，游客接受度较高，都已经成为旅游市场上成熟、热销的旅游商品。

## （四）湟中区旅游产业与文化产业融合模式分析

从目前青藏高原多民族聚居区旅游产业与文化产业融合发展来看，根据融合互动方式和融合程度，两大产业融合发展的模式有产业一体化融合模式、产业整合融合模式、产业延伸融合模式、产业渗透融合模式等。而从目前湟中区文化、旅游产业融合的发展来看，主要是产业一体化融合模式和整合型融合发展模式。

### 1. 产业一体化融合模式

（1）八瓣莲花文化产业园

①民间艺术品牌——八瓣莲花。八瓣莲花文化产业园区是青海省发展文化旅游产业的一个典型示范基地。园区内的“八瓣莲花非物质文化遗产传承体验中心”集湟中非遗展示与游客参观体验于一体，是湟中区文化产业发展重点项目，主要有非物质文化遗产展示区、手工艺品加工体验区、民族文化旅游纪念品电子商务线下体验区、餐饮娱乐区。依托湟中区丰富的民间文化艺术资源（见表 4-4），2014 年成立的青海八瓣莲花文化产业股份有限公司主要负责八瓣莲花非物质文化遗产传承体验中心的整体运营与推广建设。“八瓣莲花”在 2012 年年底被国家工商行政管理总局认定为“中国驰名商标”，是青海省第一个文化旅游类的中国驰名商标，成为青海省文化产业的著名品牌，已成为湟中文化旅游业的一张“金名片”。

表 4-4　民间传统技艺：八瓣莲花

| 传统技艺 | 技艺特点 |
|---|---|
| 农民画 | 早在明清时期就作为一项朴素的民间艺术形式流传在民间，与上海金山、陕西户县一起被誉为中国的“三大农民画” |

续表

| 传统技艺 | 技艺特点 |
| --- | --- |
| 堆绣 | 塔尔寺的艺术“三绝”之一。湟中堆绣，融合了藏汉文化和宗教文化 |
| 镶丝 | 又名湟中掐丝，掐丝唐卡巧妙地把景泰蓝镶嵌工艺与传统唐卡绘画技艺相结合，以金属丝和天然彩石颜料为原料制作而成 |
| 雕刻 | 木雕、皮雕、石雕的合称，其中民间木雕最有名 |
| 铜银器 | 加工业已有300年的历史，民间艺人众多，产品有佛像、宗教用品、铜银酒具、铜银饰品、铜锣等 |
| 藏地毯 | 湟中区上新庄镇加牙村的藏地毯编织技艺及藏地毯自明朝传承，历史悠久，其毛席、马褥毯、卡垫、柱子包毯具有较高的知名度 |
| 湟中壁画 | 融青海河湟地区的民间箱柜、棺椁等绘画技艺与中国工笔画特点为一体，人物造型吸收了藏传佛教壁画的特点，兼具艺术性、装饰性、观赏性 |
| 湟中泥塑 | 是与湟中壁画紧紧相关的一项民间艺术技艺，以创作各类人物、各种动物为主，泥塑作品工艺精细，人物造型逼真，灵动细腻、明快自然 |

资料来源：根据湟中区政府官网整理

②传统技艺的保护与利用。近年来随着政府的支持和企业的重视，这八种技艺逐渐走向品牌化的道路。湟中区非物质文化遗产依托传承体验中心，发挥品牌优势，使得家庭作坊式的传承工艺和丰富多彩的民族民间工艺得以集中展示，既是一种保护，也是一种更好的传承与发扬。依托非物质文化遗产的丰富资源，开发特色文化旅游产品，借助传承体验中心这一平台，集展示与体验于一体，既服务于游客的观光、体验与休闲需求，又促进了文化旅游的多元化发展。因此，要坚持保护为主、合理利用的原则，既要保留非物质文化遗产的原生态和本真性，又要通过旅游向外界宣传推广。对传统技艺类非物质文化遗产，应通过生产性保护方式，加以合理利用，为湟中区文化旅游业发展注入新鲜元素；对传统表演艺术类非物质文化遗产，一方面应注重原真形态的展示，另一方面应编排具有地方民族特色和市场效益的文化旅游节目。

（2）陈家滩特色文化旅游产业园

①园区概况。陈家滩特色文化旅游产业园，占地 230 亩，位于湟中区陈家滩村，距离佛教圣地塔尔寺较近。园区初步落实文化旅游产业建设项目 8 项，逐渐实施河湟老院民俗博物馆、藏香加工、木雕工艺、唐卡及工艺品加工、青稞酒酿造建设等一批特色文化旅游产业。湟中区深厚的历史文化底蕴、丰富的旅游资源以及优越的地理区位条件和交通条件给陈家滩文化旅游产业园的发展创造了很好的条件。注重旅游资源与文化资源的整合，打造文化旅游产业一体化。一方面能够增加文化旅游产业园的经济收益，另一方面大量游客的到来，容易聚集人气，形成一定的品牌效应和市场知名度，从而推动旅游和文化产业更好地发展。

②园区发展优势。陈家滩村也有发展文化旅游产业的历史根基。早年陈家滩是远近闻名的木匠村，木雕在西北地区有较大影响力，围绕着著名的塔尔寺也成长起来一批批优秀的民间艺人，木雕工艺品也蕴含着藏文化的精髓。1996 年成立陈家滩木工厂，核心业务主要为寺院、庙宇、民居雕刻房屋横梁、廊檐、门饰等，木匠工人有上百人。工厂生产的产品近百种，主要有佛龛、佛像以及炕桌、立柜等藏式家具。目前产业园区主要有佛光工艺雕塑有限公司、缘汇木雕工艺有限公司、华坊工艺有限公司等 8 家文化企业，辐射带动 300 余家个体加工户，建成销售网点 500 余家，出产的藏式家具、银铜器等畅销全国，并远销尼泊尔、印度等国家。近几年，随着塔尔寺游客量的大幅增加，也带动了陈家滩文化产业的发展。藏式家具和藏式工艺品的销售范围进一步扩大，改变了原来单一的销售渠道和销售方式。现在随着园区一体化发展，旅游和文化产业得以有效地融合。原来的文化企业已转型成为兼具旅游与文化双重功能的企业，文化产品生产基地具有旅游功能，并以此为空间载体，发展旅游业。文化企业本身就是特殊的旅游景点，游客可参观各类艺术品的生产过程。在完成两大产业间的功能互补的基础上实现两大产业的融合发展，集文化产品设计、制作、交易、游客现场参观与体验及专业人才的培养等多种方面，进而实现

产、学、研一体化。缘汇木雕工艺有限公司是一家主要生产藏式家具的文化企业，随着近年来游客量的增加，目前正在建设藏式家具博物馆，目的是吸引更多的客源。

（3）青海藏文化馆民族创意产业园

①产学研一体化发展。利用地域优势，依托民族旅游资源，充分挖掘民族文化内涵，形成产、学、研一体化发展模式，也是文旅融合的积极探索和尝试。青海藏文化馆民族创意产业园，是西宁市首批十个文化产业示范基地之一，也是青海省文化产业示范基地。目前，产业园包括青海藏文化馆、香巴林卡民族文化主题酒店、青海唐卡原创基地、中国人类学民族学研究学术研究考察基地、高原艺术创作基地、民族民间工艺品开发制作和物流中心、高原户外营地、藏寨、游客服务中心。青海藏文化馆是国内目前第一个充分运用现代科技手段和多媒体技术，集知识性、趣味性、观赏性和参与性于一体，全方位介绍藏民族历史、文化、艺术、宗教和民族风情的文化旅游景点。2012 年，青海藏文化馆被国家旅游局正式评定为国家 4A 级旅游景区。青海藏文化馆最突出的特色是把现代科技手段与民族文化内涵有机地结合起来：超宽屏数字电影《青藏高原的形成》、270 度环幕电影《觉悟之路》以及幻影成像《释迦牟尼佛 12 岁等身像的三次劫难》、互动地面《文成公主入蕃路线图》等，都堪称科技手段与文化内涵有机结合的佳作。正是这些融现代科技手段与文化内涵为一体的制作，成为青海藏文化馆吸引游客的亮点。青海热贡唐卡原创基地在青海藏文化馆 2 号馆正式建成，展示了独具藏族艺术特色的唐卡制作的完整过程，包括独特的天然矿物质、动植物颜料的研磨，唐卡画布的绷布、制作和打磨，以及唐卡的着色、勾线和装裱等。

②文化旅游空间整合。与青海藏文化馆近邻的河湟文化馆主要展示河湟历史文化、可移动文物及非物质文化遗产。藏文化馆和河湟文化馆作为与藏传佛教圣地塔尔寺毗邻的新兴文化旅游景点，成为湟中旅游的新名片，这也使来湟中区旅游的游客选择余地加大，旅游内涵更为丰富，旅游产品更为完善。青海

香巴林卡酒店是与青海藏文化馆配套的四星级藏文化主题酒店，为游客提供住宿和餐饮服务，其中客房158间，有中餐厅、民族特色餐厅和西餐厅，可满足1000人同时用餐。青海藏文化馆民族创意产业园经过近几年的发展，形成了丰富的旅游资源群，包括藏文化馆、河湟文化馆、莲花湖、八瓣莲花山、经幡大道、观象台、香巴林卡户外营地，配套设施和服务逐渐完善，形成"食、住、行、游、购、娱"的完整产业链和集观光、休闲、体验为一体的旅游综合体。

总的来看，在文化产业和旅游产业一体化发展的背景下，湟中区文化旅游产业园区要根据地理位置、资源禀赋和市场需求，在充分考虑园区产业布局和自身定位的基础上，通过编制规划和提供有力政策，以重点文化产品和文化产业为主，走产业差异化发展道路，努力形成产业发展优势互补的格局，最终实现两大产业的一体化发展。

**2. 整合型融合发展模式**

湟中区的乡村旅游发展是青海旅游业发展的重要组成部分，湟中区先后建设了卡阳乡趣农耕文化生态园、群加"凤凰部落"、慕家酩馏酒文化体验园等一批乡村文化旅游实体。与此同时，把举办文化旅游节庆活动作为发展乡村旅游的主要平台，开展了一系列文化旅游活动，如举办"慕家酩馏"文化旅游艺术节、果蔬采摘节、稻草人艺术节等旅游活动，在乡村旅游发展中增强了游客的体验性和参与性。湟中区近年来依托丰富的旅游资源，举办了多次文化节庆活动，不断增加了湟中的知名度，同时为当地的旅游形式注入了新的活力（见表4-5）。

**表4-5 湟中区主要旅游节庆**

| 旅游节庆名称 | 举办时间 | 主要内容 |
|---|---|---|
| "慕家酩馏"文化旅游艺术节 | 3月 | "花儿"演唱、酒曲小令等节目，展现羌文化、藏文化、昆仑文化 |

续表

| 旅游节庆名称 | 举办时间 | 主要内容 |
|---|---|---|
| 扎麻隆庙会 | 4月 | “花儿”演唱会、舞蹈等丰富多彩的文体娱乐活动，品尝当地特色美食 |
| 塔尔寺祈福 | 6月 | 电动汽车挑战赛 |
| 南佛山万亩油菜花儿会<br>全省高原爽稻草人创意艺术节<br>“品味湟中·乡村旅游”美食文化节暨青绿元生态园采摘节<br>多巴玉拉采摘节<br>清凉西宁国际徒步节 | 7—8月 | 邀请知名“花儿”演唱家演唱<br>举办曲艺、演唱会、书法展览、美食大赛、农业观光、采摘活动 |
| 山地自行车赛 | 10月 | 在莲花湖举办，欣赏美丽秋景 |

资料来源：根据收集资料整理

通过产业活动重组的方式来实现文化和旅游的有机融合。以文化为主题，旅游景点和历史文化、民俗文化、宗教文化等重组或集成，彰显文化特色，实现了湟中区旅游与文化产业的有机融合。

（1）湟中“八韵”文化旅游节

湟中区举办“圣域旅游·八韵争艳”文化旅游节（见表4-6），是青洽会暨丁香郁金香节的重要活动之一。在黄金季重点开展“品味湟中·乡村旅游”、人口文化艺术节、非物质文化遗产展示、多巴朝山会、会龙山庙会、南佛山花儿会、“武韵”青海武术邀请赛、山水长廊徒步健身活动、“收获的金秋”书画摄影大赛等多项特色文化旅游体育活动，目的在于拓展文化旅游发展空间，弘扬和传承传统文化，加快文化产业发展，促进文化旅游深度融合。文化旅游节期间，主要开展灯韵、曲韵、武韵、舞韵、鼓韵、歌韵、墨韵、学韵为主的“湟中八韵”群众文化活动，培育和发展鲁沙尔镇元宵灯会、群加乡金露曼舞、田家寨镇豪气秦腔、土门关乡炫彩皮影、上新庄镇边墙社戏、西堡镇婉转小调、甘河滩镇怡情曲艺、汉东乡经典书香、大才乡和美乡风、共和镇田间丹青、多巴镇墨香鼓韵、拦隆口镇灵韵高抬、上五庄镇劲爆篮球、李家山镇曲韵悠长、海子沟乡尚武崇德、康川街道曲苑集粹16个“一乡一品一特色”文化活动项目。2012年的文化旅游节将主题为“创意无限·八瓣炫彩”的八瓣莲花工艺品设计创意大赛纳入其中，一方面，为了进一步提高“八瓣莲花”工艺品的设计水平，更新“八瓣莲花”工艺品设计理念；另一方面，也吸引游客品鉴“八瓣莲花”民间工艺精品（见表4-6）。

表4-6　湟中八韵

| 湟中八韵 | 活动内容 |
| --- | --- |
| 灯韵 | 塔尔寺灯节成为全省春节文化活动的品牌，千户营高台被列为《国家级非物质文化遗产名录项目》，鲁沙尔镇被原文化部授予“高跷文化艺术之乡” |
| 曲韵 | 田家寨镇和李家山镇、拦隆口镇分别被原文化部授予“秦腔文化艺术之乡、河湟曲艺之乡、民间文化艺术之乡”称号 |
| 歌韵 | 每年农历六月六等传统民俗节日，举办“花儿”演唱会，南佛山“花儿”会被列为省级非物质文化遗产名录项目 |
| 舞韵 | 上新庄镇静房等村和群加藏族乡的藏族舞蹈、西堡镇葛家寨村“出僧官”表演、塔尔寺“跳欠”为主的宗教舞蹈等已形成一定规模 |
| 鼓韵 | 全县组建锣鼓队150余支，演员近6000人，每年演出近500场次。多巴镇被原文化部授予“锣鼓文化艺术之乡”称号 |
| 武韵 | 传统民间武术、赛马、摔跤、踢毽子、太极拳、练剑、登棍等20余项传统体育项目成为全县农民健身的重要活动形式 |
| 墨韵 | 受历史书画名家的影响，全县从事书法、美术创作工作的人众多，书画氛围浓郁。湟中区被原文化部授予“中国现代民间绘画画乡”称号 |
| 学韵 | 当地农民学习传统民间工艺，截至2016年职校培训农民15万人次 |

资料来源：根据收集资料整理

（2）“慕家酩馏”文化旅游艺术节

“慕家酩馏”文化旅游艺术节是湟中区以酩馏酒作为发展文化旅游的一个新切入点，旨在传承非物质文化遗产，打造青海特色文化旅游品牌。艺术节充分挖掘地域民俗文化资源，以非物质文化遗产生产性保护为抓手，将慕容古寨、慕家酩馏酒、酒神祭等旅游资源有机结合，带动传统产业结构调整，实现了旅游与文化的融合。艺术节于2013年开始举办，在湟中区拦隆口镇金仓岭的慕家村举行，主要包括请酒神、敬酒神、祭酒神仪式，在此期间游客还可品酩馏美酒、听花儿、看皮影戏、欣赏舞狮表演。青海酩馏酒有着400多年的历史，慕家村是河湟地区酩馏酒发源地之一。几百年来，慕氏家族运用传统工艺酿造酩馏酒，代代相传，在省内外具有一定影响力。“慕家村”商标已被认定为西宁市知名商标，土法酿造低度酒工艺纳入了非物质文化遗产保护名录。高原酩馏文化城以青海高原慕家酩馏影视文化村为核心，集酩馏生产、生态养殖和文化旅游为一体。酩馏酒的生产已形成一定规模，也吸引了较多游客，未来将打造成集酩馏生产展示、乡村旅游、农业观光、休闲健身、红色文化教育为一体的综合旅游景区。

湟中区以特色文化内涵为支撑，借助湟中区丰富的旅游资源，以不同类型的文化旅游节庆活动为平台，引领带动产业发展，打造文化品牌，重点发展民俗旅游、农业旅游、休闲体验旅游。多样的节庆活动，通过精心策划和市场化运作，通过旅游与文化产业资源的有机整合、产业活动的重组，形成旅游＋会展模式。既可提升湟中区的旅游形象，延长游客停留时间，提高游客对旅游目的地的认知度，还可增加经济价值和文化价值，推动文化和旅游两大产业的快速发展。2017年5至10月，湟中区举行了首届民间文化艺术节，以“秘境湟中·清心之旅”为主题，开展了一系列常态化演出和文化展示活动。其中7月10日至10月10日在鲁沙尔民族文化旅游产业园景区进行常态化演出，如在宗喀驿入口处小广场、中间廊道、沿湖休闲区、河湟苑百姓小舞台、八瓣莲花非物质文化遗产传承体验中心组织具有湟中特色的花儿、锅庄、高跷、曲艺、行为艺术活雕塑、快闪、皮影、却西德哇传统古老游戏等文艺演出。同时，还集中展示了河湟历史文化、藏传佛教文化历史、非物质文化遗产等湟中区民间文化。民间文化艺术节的举办，较为全面和集中地展示了湟中多姿多彩的民间文化，也是对湟中区文化旅游产品的有效宣传和推介。

总之，湟中区旅游资源丰富，文化特色突出，又有多彩的非物质文化遗产，文化产业园区粗具规模，文化与旅游融合发展趋势明显，仍有极大的旅游与文化产业融合潜力亟待发掘。目前湟中区旅游产业与文化产业融合尚处于初级阶段，主要融合路径是资源与产品融合，产业融合路径单一，融合形式简单，未来还可以尝试企业、市场、空间、管理、生产性保护等方面的融合路径。主要的融合模式是产业一体化融合和整合型融合模式，随着湟中区经济的发展，旅游与文化产业发展机制日益成熟，未来还可探索文化旅游演绎模式、创意旅游商品模式等，真正达到文旅融合。

## 四、本章小结

本章在分析青藏高原多民族聚居区旅游产业发展现状、文化产业发展现状、旅游产业与文化产业融合发展现状、融合发展存在的问题、融合发展的有利条件及不利因素的基础上，通过实地调研发现和了解青藏高原多民族聚居区旅游产业和文化产业融合发展的途径（包括两者融合发展的路径和模式），并以湟中区为具体案例来分析和论证青藏高原多民族聚居区旅游产业与文化产业融合发展的路径和模式。具体内容主要包括以下几个方面。

（1）青藏高原多民族聚居区旅游产业与文化产业融合途径包含两方面的内容：即路径和模式两方面。

（2）青藏高原多民族聚居区旅游产业与文化产业现有融合路径包括资源融合和产品融合，在此基础上笔者提出青藏高原多民族聚居区旅游产业与文化产业未来融合的路径有企业融合、市场融合、空间融合、管理融合和资本融合。

（3）青藏高原多民族聚居区旅游产业与文化产业现有融合模式有重组型融合和延伸型融合，在此基础上笔者提出未来的融合模式有渗透型融合。

# 第五章 青藏高原多民族聚居区旅游业与文化产业融合效应

随着我国改革开放与市场化进程不断推进，产业结构进一步整合，旅游业的地位与作用逐步提升。21 世纪之后，旅游业因为现代科学技术、互联网和创意产业的迅猛发展，以及现代人旅游消费意识的逐步提高，而逐渐显现出旅游产业一体化发展和包容性增长的趋势。

在旅游产业一体化发展中，最具有代表性的旅游产业一体化类型就是旅游产业与文化产业的融合，其发展的成效日益凸显。文化旅游产业的一体化发展最主要的平台是文化旅游产业园区，文化旅游产业园区是文化旅游产业一体化发展的实践，其对发挥文化旅游产业融合效应的促进作用不容小觑。具体而言，文化旅游产业园区的产业整合是一个主要介质与平台，它不但开辟了各种新的业务形式，还包含主题公园、文化表演、商业街道区域、博物馆和展览厅，而且促进了旅游行业、科学技术、文化发展、教育行业、商业与文物的发展，促进了城市或者地区经济和社会的发展，已经产生了各种效果[208]。

近些年来，在我国有关政策的支持下，各省加强了对文化产业园区的建设，一些大、中城市涌现出一批旅游产业园区，如西安市曲江新区、深圳华侨城、曲阜的文化产业园等，其中较为典型的是山东省，积极有效地探索文化旅游产业的整合和发展，大力推动城市或区域经济的发展[207]。山东省的曲阜文化产业园已经发展成了城市经济发展的新动力和增长极，成为山东省曲阜市经济发展的主要推动力。与此同时，青海省也紧跟国家发展步伐，推动多民族文化与旅游业的融合，积极发展文化旅游产业园区，借助文旅产业园区发挥和强化文旅产业的融合效应。

文化旅游产业园区是文旅融合效应集中展现的实践平台之一，其对经济、文化和社会都产生了一定影响，但究竟文旅融合会产生哪些具体的效应还需进一步思考和研究。因此，本书在解析青藏高原多民族聚居区旅游产业与文化产业融合发展途径的基础上，指出了青藏高原多民族聚居区两大产业融合发展后产生的五大综合效应，即创新能力、区域整合、竞争力、消费、产业升级效应（见图 5-1）。

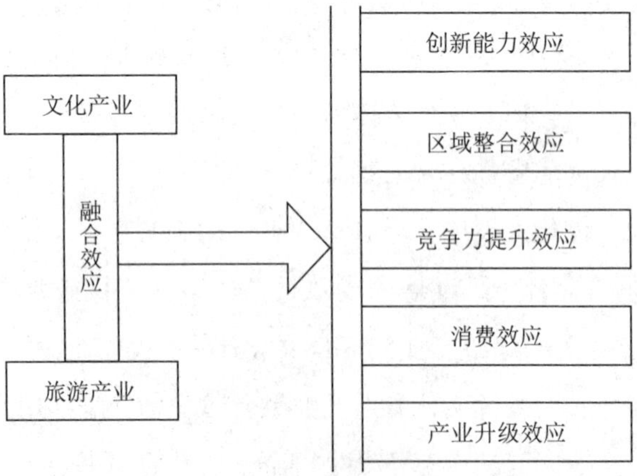


**图 5-1　青藏高原多民族聚居区旅游产业与文化产业融合效应**

# 一、创新能力效应

## （一）文旅产品得到创新

随着经济的不断发展，人们的生活水平和社会福利不断提高，在满足基本生活的基础上，原先传统的旅游产品已经不足以满足人民日益增长的消费需求，人们在消费产品时更加注重产品的体验感、趣味娱乐性及文化内涵，寻求更深层次的旅游体验。新时代的旅游者更热衷于通过旅游来满足其多样化的文化需求，旅游模式也从原来的观光型转变为休闲度假型、文化体验型。

文化旅游产业相比于传统的旅游行业来说更加注重开发游客深层次的需求，是满足新时代旅游者需求的产业新业态，文化与旅游的融合丰富了旅游产品，其直接表现形式是文化旅游产品的丰富性和创新性。例如，文旅产业的融合促使青藏高原多民族聚居区旅游产业具有了独特的民族文化特色，形成了具有典型特色的青藏高原民族文化旅游产品，这使旅游产品逐渐丰富多样，旅游产品创意源泉源源不断。此外，基于游客对青藏高原多民族地区少数民族文化的新奇感，设计和创新出相应的民族文化旅游产品，不仅可以将民族文化进行深层次的挖掘，还可以进一步兼顾旅游者的参与和体验，提高旅游者的参与感与体验感，使游客有更强的文化认同感及强烈的感官刺激。这种文化渗透到旅游产品中的设计和创新模式，一方面能开发出别具一格的文化旅游产品，从而进一步带动旅游业的发展；另一方面也能对青藏高原多民族文化起到保护和发展作用。

由上述青藏高原地区文化旅游产品的实例，可以看出文化和旅游产业的融合能不断推动旅游产品的创新，促使旅游产品不断地向多元化、主题化发展。旅游产品的创新不仅可以丰富旅游行业内涵、开拓新的旅游市场，而且能满足游客日新月异的需求。

文旅融合使聚居区旅游业能有效依托当地的特色少数民族文化，把文化作为一种全新的旅游资源，同时设计相应的文化旅游产品，增加了旅游业的附加值；并且旅游产品的逐步创新伴随着旅游服务的不断优化，两者相辅相成，达到综合效益的最大化，从而更好地迎合游客的精神与物质需求，营造出和谐的氛围，与游客们进行深入的沟通，引起心灵共鸣，不断增强游客获得服务时的舒适感和满足感。整合聚居区内带有独特民族特色的精品文化，并整合其他旅游资源，利用资源融合包装出新型的产品，这些产品富有深厚的文化内涵，也富有感染力和冲击力，之后通过市场将产品销售给消费者，实现多方面的价值。

近年来，青海省湟中区利用旅游产业与文化产业融合的思路，不仅打造了一批文化旅游产品，还借助旅游产业推动文化产业由“量变”向“质变”转型。其中，对于莲花湖景区的建设是体现产品和服务创新的最有效的实例（见图 5-2）。

图 5-2　湟中区莲花湖景区

莲花湖景区坐落于湟中区城鲁沙尔，三面环山，湖面平稳开阔，湖畔林木茂密，是一处水库型水利风景区。莲花湖景区建于 1973 年，被称为蚂蚁沟水库。莲花湖依托大南川水库而建，水库容量1300万立方米，水质清澈明净，水域面积66.7万平方米、最高水深43米。经过几年的精心打造，莲花湖的水也像一面镜子，山上有缥缈的云雾，湖水蜿蜒曲折于山谷间，莲花湖一年四季风景迷人。湖水冬季和春季呈水晶白，夏季为碧玉一样的绿色，秋季呈金黄色，常年景色宜人，美不胜收（见图5-3）。加之莲花湖紧邻藏传佛教圣地塔尔寺，因此将文化产业创新和旅游产业融合发展作为发展目标，为湟中区打造了以佛光路为轴线的10公里文化产业发展廊道。

在2001年，莲花湖景区被湟中区政府列为重点开发的集旅游观光、休闲度假和多彩民俗为一体的风景区（见图5-4）。

图5-3　莲花湖景区一瞥

图5-4　莲花湖景区一瞥

近年来，莲花湖景区利用民俗文化、民族工艺、民族美食等文化特质进行旅游产品的升级与改造，同时在服务上不断优化，让其成为青海湟中民族文化旅游、生态旅游的一个亮丽名片，一个小众的旅游热点区域。文化、旅游产业对莲花湖景区旅游产品和旅游服务方面的创新效果凸显，是青藏高原多民族文化旅游产业融合效应的突出表现。

### （二）运行模式得到创新

文化产业原有的运行模式主要有三种：项目策划、项目实施、项目总结，运行模式十分单一，合适的文化项目是载体，是整个商业模式的核心。而旅游产业的运行模式表现为：旅游资源、产品、销售，其中旅游资源是前提，而有内涵的旅游产品是吸引消费者最关键的部分。这两个产业的运行模式都很传统，创新能力差，只能带来有限的市场空间。然而当旅游产业和文化产业相互融合后，运行模式就发生了翻天覆地的变化，精品文化变成了一种旅游资源，提高了旅游产业的附加值。产业融合后的运作模式变为：旅游资源（文化资源）、融合性产品、旅游消费，将文化融入旅游产业中，极大地提高了附加值，延长了产业链，拓宽了旅游产业自身的价值空间。同样的，当地的文化旅游资源也可借助各种旅游形式从而呈现出各种各样的形态，丰富了文化旅游产业的运行模式，使旅游者有更强的体验感，从而提高了知名度和竞争力，最终推动文化旅游经济的持续发展。

在运行模式创新的融合效应中，笔者在调研中发现青海省刚察县近年来把发展文化旅游产业当成培养当代旅游产业的焦点，依托独有的自然风景、丰厚的历史文化、优美的生态环境优势以及革新思路，利用创新旅游产业的运行模式，促进了旅游产业与文化产业的融合发展（见图 5-5、图 5-6）。

图 5-5 刚察海滨藏城演艺中心

图 5-6 刚察县鱼文化

首先是挖掘旅游文化内涵。充分利用藏民族民俗文化、昆仑文化、鱼文化、祭海文化等多元文化资源，开发独具特色的旅游产品；并依托高原海滨藏城和重点旅游景区，建设旅游商业街，延长旅游产业链，提升旅游消费水平。

其次是旅游体育深度融合。通过举办青海湖赛马节等节庆活动，开展传统赛马、射箭、拉巴牛等民间传统体育竞技项目，创新文化旅游结合方式，并依托全国十大旅游精品线路的徒步旅游将旅游和体育有机结合，打造旅游精品线路。

再次是旅游与农牧业有机结合。通过鼓励和扶持专业合作社参与旅游农牧产品的开发，开发出了掐丝唐卡、嘛呢石刻等工艺品和糌粑、酥油、酸奶、牛羊肉等系列特色旅游商品。从"民间传说，服务客户，增加收入"开始，引领农、牧民群众沿 315 国道规划建造具有观赏性的住宅，建立了特色与品味俱佳的农家乐与田园音乐等旅游景点。

复次是文物保护与景点开发相辅相成。深度挖掘古遗址文化内涵，坚持保护为主、抢救第一、合理利用、加强管理的文物工作方针，着眼于文化旅游业发展，立足本县文物资源优势，增强景点的竞争力，充分发挥景区的旅游带动作用。全县境内文物保护单位 46 处，其中省级文物保护单位 5 处（舍布齐岩画、哈龙岩画、北向阳古城、刚察大寺、沙陀寺），县级文物保护单位 41 处。

最后是非遗传承与旅游相融合。以传承、保护和发展非物质文化遗产为目的，把藏族"拉伊""锅庄舞"、刚察藏戏、扎念弹唱等民族民间经典歌舞表演作为演艺的主要内容，搭建传统演艺与游客互动交流的平台，成为具有地方民族特色和市场效益的文化旅游节目。以景区建设为抓手，整合"非遗"文化旅游资源，并将其融入旅游景点的整合中，完备"非遗产"景区的配套设备，保障在景区之内有非遗的宣介、展现、售卖场所，形成展览、旅游、购买物品的完整旅游服务系统。

青海省刚察县文化、旅游融合，引发的产业模式创新是青藏高原地区多民族文旅融合效应的突出表现，对于青藏高原其他地区文化旅游融合模式创新有一定的借鉴意义。

### （三）特色文化得到创新

旅游是文化传播的媒介，特色文化是旅游的一张名片，而改革创新是特色文化发展的内源动力，因此加大文化创新改革的力度是促进社会主义文化繁荣发展的重要措施。多民族聚居区不仅有多姿多彩的景观、独特的地域特色，还有丰厚的少数民族特色文化及多样性宗教文化。

文旅产业的融合为特色文化的创新创造了条件，奠定了市场基础，形成了新型的复合型产业模式。例如，青海的传统手工艺品（藏毯、唐卡等），很久之前只能被当作艺术品进行收藏，随着文旅产业的不断融合发展，游客逐渐取代了当地居民成为主要的销售对象，特色文化产品随即变成了旅游产品。以此为契机开始加大传统工艺设计及开发的投入力度，游客购买带来的经济效益进一步促使手工艺品及旅游行业能持续健康发展。此外，文化形式创新包括将文化产品的生产过程开发成较为独特的一个旅游项目。例如：文化产业园区旅游的实质就是把人们对于文化产品的研发、生产过程的猎奇心整合成有效的市场需求，同时也是逐步扩张文化产业市场空间的又一种非常有效的渠道[210]。青海省可立足于自身的资源优势，通过合理的设计，选择适当的开发模式，转化为别人不可复制的一种旅游资源。旅游产业主要通过充分挖掘特色文化的深刻内涵，打造独特的民族品牌，深化旅游文化各个方面的交流合作来革新不同文化发展方式，形成具有鲜明特点的民族文化旅游产品，从而促进旅游产业和文化产业的协同发展。

以青海省黄南州热贡文化为例，金色谷地——热贡距离青省省会城市西宁市 180 公里，距九寨沟自然景区 1220 公里，被视为青海与西南大市场策略相连接的通道，在青海经济发展中，起到一个相当重要的纽带效用。以热贡艺术为核心的热贡文化在海内外有着不可替代的地位，黄南藏族自治州现有的旅游景区中，国家旅游景区和国家级的文物保护单位一共有 6 个，省级的旅游景点以及省级的文物保护单位一共有 87 个。自 2013 年开始，黄南藏族自治州政府连续举办热贡文化旅游节，集文化展示与文化交流为一体，实现了热贡旅游产业与文化产业活动的深度融合，进一步拓展了热贡的文化旅游市场。为打造热贡艺术品牌，提升热贡文化软实力，黄南州政府每年还会举办热贡艺术节、五彩神箭国际射箭邀请赛、唐卡绘画大赛、唐卡精品展等系列文化旅游活动，借由旅游产业推动文化产业的发展[211]。

在特色文化创新方面，西藏地区更是重视文旅产业的融合。西藏不仅是一个大文化区，也是一个大型旅游区，地理优势相当明显，民族风情淳厚，具有鲜明的地域特点，两者的融合有根基、潜力、市场，发展前景非常广阔。因此，促进文化和旅游一体化发展，对实现“文化的再生产”和“旅游再生效应”，对发展西藏的传统文化，创造出新的市场需求和生产力都十分有利。

## 二、区域整合效应

文旅产业融合后最主要的区域整合效应就是通过开发不同层次的旅游资源，并赋予特定的文化特征，将这些密切关联的文化旅游资源进行有效整合，从而形成区域的整片和连带效应。旅游融合作为区域旅游多元化合作的主要渠道，为地区旅游的多元化合作提供了更多参与的产业、更为高效的合作方式、更加协调的产业关系[212]。

### （一）区域资源整合

不同的区域具有不同的旅游发展资源优势，文旅产业的融合加快了地区之间要素的重新组合，做到优势互补，有利于产业从地区资源中心向四周发散，加快产业聚集和区域文化市场的形成。文旅融合最重要的一点，就是把文化当作一个链接各区域旅游资源的核心。

青藏地区以昆仑文化闻名，它是起源于中国青海昆仑山主脉的文化，是对神秘高原自然、人文、审美经验的积累，是对人类生息繁衍和社会进步而创造的物质和精神的总汇。所以，首先中华昆仑文化是反映中华文明，乃至世界文明起源、进程的“源头文化”“根部文化”“传统文化”，是多元文化融合的典型，是复兴中华文明，圆融世界文明的精神文化之源。其次昆仑文化体现出伟大精神特质和思想品格，充分诠释了中华文化“讲仁爱、重民本、守诚信、崇正义、尚和合、求大同”的价值理念和精神境界，是各族人民共有的文化基础。青海的格尔木地区以昆仑文化为引领，整合当地旅游资源打造出昆仑文化旅游区，同时整个青海也是将大昆仑作为自己对外的一张旅游名片。再次与藏民族文化紧密结合的藏传佛教文化也是青藏地区的核心文化，将藏传佛教文化作为文化引领，形成以布达拉宫、塔尔寺为主体，其他寺庙为补充的藏传佛教旅游圈。最后独特的少数民族文化也同样耀眼，青海省整合各类民族旅游资源，打造出一个又一个以县域为主体的民族文化旅游目的地。

当然文旅融合带来的区域资源整合不单单如此，具体体现在旅游线路上。以单一文化为主，多种旅游资源为辅的旅游产品：红色文化 + 自然资源、民族文化 + 自然资源、佛教文化 + 自然资源；以多元文化为主，多种旅游资源为辅的旅游产品：民族文化 + 佛教文化 + 自然资源，比较典型的旅游产品就是甘青大环线。文化和旅游资源相辅相成，适当地结合使资源与资源、资源与文化连接得顺畅自然，形成更具竞争力的区域旅游产品。

### （二）区域产业整合

区域产业整合指主要城市作为中心，与周边旅游资源相结合，整合周边生产型的体验或者观光型旅游景区，从而形成多元化、多层次的产业合作。区域整合效应还包括区域一体化的开发。在推动区域一体化发展的过程中，加强产业间相互理解和合作，以实现区域内资源的全面、高效、可持续开发利用，避免忽视或浪费其他产业的潜在价值[212]。在不同地区融合的系统整合，模糊了原本相互独立的产业与产业之间的界限，重组不同的产业资源，逐步打破了地区之间的界限，形成一种新的产业模式，实现了更为直接的产业联系，并加深了区域一体化的程度。

以青海省海东市平安区平安驿为例，平安驿位于距海东市平安区平安镇东北约 5 公里的张家寨村。来到此处，首先映入眼帘的是陪伴河湟人千百年、已在河湟谷地逐渐消失的黄土夯筑的土庄廓。望着土墙上的一道道墙板印和土圈门，让人遥想过往历史的同时，一种苍凉的感觉慢慢袭上心头。几百年甚至上千年的时间过去了，河湟人在土庄廓组成的村庄里繁衍生息，坚守着生存的信念，耕耘着村庄边贫瘠的黄土地，守护着世代居住的家园。在此地建立平安驿的目的就是实现区域整合，让旅游资源与河湟文化相融合（见图 5-7、图 5-8）。

平安驿“袁家乡村 · 河湟印象”项目是陕西省袁家村的模式。与此同时，它融入了河湟的“非物质文化遗产”元素，植入了土族、汉族、回族、撒拉族等 18 个少数民族的典型民俗风情和地方特色，使其成为一个新的海东“非物质文化遗产”展览和继承的崭新亮点。

图 5-7　平安驿

图 5-8　磨辣子

在这里可以看到曾经活跃在湟水谷地而现在已远离人们视线的诸多旧物遗址。如用河滩中的河水作为动力的加工面粉的水磨，用杠杆原理以 10 多米长、1 米多粗的一根原木做油梁的土榨油坊，自酿青稞酒坊等八大作坊；腌制青海酸菜、酿醋、传统粉条、现磨调料等五小作坊（见图 5-8）；用明清建筑风格建造的18个农家院，分别经营青海老八盘、农家小院牛头宴、柴火鸡、大盘鸡、炮仗面、清汤面片、小馄饨、家常包子、青海拌汤、青海土火锅、熬饭、焐洋芋、锟锅馍、现炸麻花、酥油糌粑等传统美食。

平安驿“袁家乡村·河湟印象”是河湟文化博物馆的浓缩版。游客不但能听到美妙的歌声、看到美丽的花朵，还可以看到独特的土族表演，比如，轮子秋，土族的婚礼，传统的社火、皮影，还能够观赏到已被现代文明所取代，已淡出人们生活的牛羊皮袋子、牛角弓以及草背斗等古代的传统手工艺品的编制与加工，还有河湟的剪纸、刺绣、彩绘等传统艺术品的展示。通过这些河湟区域多民族文化的展示，勾起人们对古老河湟的记忆与怀念，重塑河湟乡愁文化。

除了努力打造“文化牌”之外，平安驿“袁家村·河湟印象”还加入了众多流行元素，将自驾游与野炊、露营相结合，给游客提供多样的户外娱乐体验。平安驿“袁家村·河湟印象”项目建成后，游客会在这里体验到融观光、休闲、度假于一体的休闲产品。

除此之外，西藏地区的文旅产业融合发展也在区域整合方面发挥了很大的作用。具体来说，西藏的西北部和“丝绸之路的经济带”相连，21世纪南亚沿海地区与“海上丝绸之路”的南部交汇处是“一带一路”的主要交汇点。在“一带一路”倡议的引领下，西藏的文化旅游产业必将会迅速走向世界的舞台。西藏运用好本地的优势文化资源，把“藏羌彝文化产业走廊”与“中国特色文化产业园”建设作为主要抓手，加快文化、旅游资源的深度对接和整合。着重推进林芝、日喀则、拉萨、昌都四个城市所在区域的发展。同时，合理运用自身地理方面的优势，增强和四川、云南、青海三省“藏羌彝文化产业走廊”的相互联系和合作，适度开发G318国道，建设我国最美的风景线（见图5-9、图5-10）。在青藏、川藏铁路和滇藏线建设游客驿站，为自驾的游客提供相关帮助。深入开展“城市旅游、农村、道路旅游环境”整治，对青藏区域的文化资源优势进行整合，给游客提供了一个整洁、综合、完备的旅游景区。

通过旅游产业与文化产业的融合，青海和西藏地区不仅实现区域内特色饮食、民族文化、手工艺品等产业的整合，而且实现了区域间产业联动，区域内外产业的良好互动。以旅游产业为核心，发展各种“+ 旅游”产业新业态，充分发挥旅游产业的带动作用，实现区域产业经济的持续增长。

图 5-9 318 国道

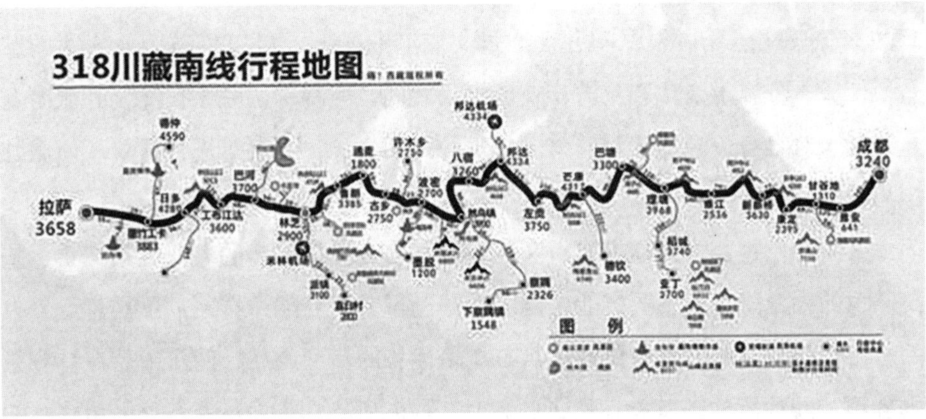


图 5-10 318 川藏南线行程地图

## 三、竞争力效应

生命周期理论指出任何产业都需要经历四个阶段：导入期、成长期、成熟期、衰退期。旅游行业经过近些年的发展已经快到了成熟期，在这个阶段，市场需求不断增加、企业的利润也逐渐达到最高，但是随之而来的是市场竞争的加剧，竞争的优势是行业在市场中存活和发展的根基。正是因为产业追求在生产经营过程中的竞争优势，所以企业不断进行创新，只有寻求到竞争优势才能在激烈的市场竞争中占据领先地位[213]。为了在全方位的竞争中取得竞争优势，增强自身的竞争力，需要整合外部的优质资源。

企业在市场中的竞争力取决于自身的综合实力，在以往的文化、旅游产业中，企业分工方式基本上是一种模块化。旅游产品或文化产品的设计与生产需要分为许多部分，文化和旅游产业的不同模块有本身的生产特征，并没有必然的联系，虽然分工能更加有针对性，使生产的专业化程度更好，但不同模块之间的资源分配还存在很多问题。通过文旅产业融合，可以打破企业之间的壁垒，使原本分属于文化和旅游产业的模块之间产生特殊的联系，文化和旅游企业能基于对自身资源的了解，将不同模块之间资源、要素等进行整合，使旅游产品和服务异质化。

文旅产业融合能提高旅游行业的综合竞争力，最显著的表现就是文化、旅游产业的融合能够将不同产业之间的资源进行重新分配，将原本不具有竞争力的旅游产品经过加工重组设计出具有竞争优势的新型产品，使新产品在具有原本各项产品功能的基础上，有了“1+1>2”的效果。具体来说，文化和旅游的融合能够在推动旅游产品的文化赋能、丰富景点区域的文化内涵以及打造地区的文旅产业名片等方面发挥作用，从而提升旅游目的地的竞争力。

### （一）推动旅游产品的文化赋能

文化作为旅游的灵魂，对于丰富旅游产品供给具有重要意义。现如今单纯的观光和休闲旅游产品很难满足旅游者多样化的需求，文旅融合是将文化作为灵魂对旅游产品进行系统性的革新，文化起到主导性、催化性的作用，给单纯的旅游产品赋予更为多样、广泛的旅游功能。同时，文化作为打造特色旅游文创产品的要素，不仅能提高文旅产品的知名度和美誉度，也能有效提高文化旅游产品的质量。

《“十四五”文化发展规划》提出，坚持以文塑旅，以旅彰文，推动文化和旅游在更广范围、更深层次、更高水平上融合，努力提升旅游发展的文化内涵，这对于丰富旅游产品供给、推进旅游品牌建设、提升旅游体验等具有重要意义。文化赋能旅游文创产品，不仅能够开发出诸多具备鲜明文化特征和内涵的文创产品，促进景区经济效益发展，也能够扩大景区影响力，这对促进景区的可持续发展具有重要作用。文化赋能的关键点在于文化和旅游的深度融合、重点是文化方面的革新，在重大的文化旅游项目的支持下，把文化要素植入到旅游的各个环节中去。具体而言就是建设一批非常有特色的将建筑风格、文化背景、旅游资源、影视作品、艺术相结合的文化旅游项目。

近年来，青海在对特色文化与旅游资源深度发掘的基础上，着重发展了依托特色文化的旅游项目，促进了文化旅游的深层次融合，深化和丰富了旅游产品的文化内涵，把文化要素植入旅游的各个环节中。例如，塔尔寺藏文化的创意园区、城南文化的产业项目、黄河生态文化旅游基地和互助的土族文化旅游项目已经开始施工，突出青海旅游文化的无穷魅力。塔尔寺藏文化创意产业园集旅游、民族文化展览、休闲娱乐、学术研究、艺术创作和民间工艺品生产与贸易等行业于一体，致力于促进国家和省级非物质文化遗产民间工艺品的继承和产业化，促进了旅游、信息问询、文化创意等当代服务业的互动发展。“十三五”之后，青海实施了西宁城南文化产业的集聚区，有尖扎的文化创意产业园区、热贡的艺术文化产业园区、茶卡“天空之境”特色文化产业园区、玉树的康巴藏文化产业园区等21个文化产业的项目。通过文化旅游项目来促进旅游业的健康发展，提高文化旅游的涵养与品质，彰显文化和旅游发展相互促进的作用。

### （二）丰富景点区域的文化内涵

文化和旅游密不可分，文化的融入为旅游增添“培根铸魂”的力量，文旅融合有利于文化的继承和发展，而且有利于文化的创造性转化。所以，深入挖掘旅游景点区域的文化内涵，并将文化融入旅游实体中，不仅可以提高景点的知名度，而且能够将文化通过旅游更好地展示出去。

青藏高原多民族聚居区文化旅游发展的根基是丰富的历史文化沉淀，对文化旅游的发展起着一定的支撑作用。但是，当今这些文化方面的资源大部分属于一种静态的展示，在动态转化方面略显不足。大部分博物馆、展览馆是保护文物与文化遗产的根本构成部分，但是更多是使用静态的方式展示文物。伴随博物馆的自由开放，博物馆的收入途径变得越来越少，游客的增加也导致许多博物馆的设施遭到破坏。所以，有关组织在从事文化旅游发展工作的过程中，应该努力从静态文化展示逐步向动态文化展示转变，从而将其迅速融入饮食、住宿、交通、旅游、购物、娱乐等旅游活动中。

打造文化旅游小镇也是文化旅游发展的一种模式。随着文化体验，休闲娱乐、丰富的夜生活以及多元化服务与度假模式的不断汇聚，文旅小镇正日益成为文化旅游领域的一个热门发展趋势。其突出的特征是其强大的文化内涵和浓郁的特色文化建设，比如云南省的丽江与山西省的平遥古城。文旅小镇不但具有日常生活的各种功能，还能对当地的消费与就业起到一定的刺激作用。当今，旅游社区大多功能齐全，但是却缺少对当地丰富文化因子、文化底蕴的挖掘，无法形成地方依赖，这是一个普遍的问题。所以，文化旅游城镇应该正确而深刻地理解并挖掘当地的文化内涵，把文化体验放在适当的位置，无论是从景观还是从内涵延伸方面，都应该做到能激发游客的人文情怀，只有这样，才能带给游客特殊的触动和感受。

以互助土族风情园景区为例，该园展现了土族独特的民族风情。青海省海东市互助土族自治县的土族文化源远流长。互助土族故土园是一个5A级旅游景区，这里有原始朴素的自然风景，宏伟独特的生态环境，古朴神秘的土族文化。通过对互助土族风情园景区特色文化的深层次挖掘，加强旅游地的文化建设，使游客在享受自然美景的同时也能够感受到土族文化的独特魅力。凭借土族独特的文化魅力，互助县通过“文化+旅游”的发展模式获得非常丰硕的成果。天佑德中国青稞酒、彩虹土族家园、纳顿庄园土族民俗文化村、小庄土族民俗文化村等五大核心景区相继建成。每年夏天，互助土族故土园举办“安召舞”“轮子秋演绎”等系列节日活动，丰富了互助旅游的文化涵养。

### （三）打造地区的文旅名片

旅游目的地的特色文旅产品毫无疑问会成为当地吸引游客的一张“名片”，旅游者在谈到上海的时候会想到迪士尼乐园、东方明珠；谈到青藏的时候会想到神圣的布达拉宫、美丽的青海湖、著名的天空之镜等极具代表性的旅游名片。“旅游名片”的知名度在某种程度上就是地区旅游竞争实力的直接体现。文旅融合为打造地区文旅名片带来了新理念、新路径，即以独特的自然风景资源与丰富的人文景观资源为依托，打造地区特色文旅产品和精品文旅产品，再通过市场营销等手段进行对外宣传与推广，形成当地的旅游名片。

海北藏族自治州的刚察县青海省文旅融合发展的首个示范点。它确立了“鱼鸟圣地，藏城刚察”的发展方向，以“祭海文化”“鱼文化”“赛马文化”“仓央嘉措文化”为文化主线，创作了一部大型多媒体歌剧《爱的领悟》并定期在藏城刚察表演中心进行展演。它举办青海湖裸鲤节、湖区赛马、仓央嘉措诗歌吟诵演唱会等节庆活动，从而实现特色文旅产品的深度开发，形成一张张旅游名片，在青海省内和周边地区有一定的知名度。

祁连县利用特色的旅游资源，开发出一种新的旅游文化整合与发展的模式。近年来，祁连山草原文化旅游节、全国露营会，穆斯林美食节与摄影展等文化活动不断举行，开发了一批游客喜欢的、能够体现当地特色的旅游商品，如黑河宝石、刺绣等，形成了“天境祁连、东方瑞士”旅游品牌影响力。与此同时，以祁连县峨堡古城、古三角城、阿柔大寺等7个省级文物保护单位为基点，以“阿柔逗曲、婚俗，郭米则柔”等省级非物质文化遗产作为介质，逐步形成自东而西、以点带面的历史和民俗旅游景观带。这些丰富了旅游文化的内涵，增强了祁连旅游发展的新活力。

玉树地区把文化旅游作为地区发展的“领头雁”，将民族文化作为核心，把旅游产业发展作为重点，走文化、旅游的深层次融合和发展之路。在踏实做好玉树赛马节等大型传统活动的同时，各个县城也举办了具有地域特色浓郁的文化节，包括三江源国际牦牛节、澜沧江源文化旅游节、冬虫夏草交易会、曲麻莱县吉祥尕朵觉吾万人环山旅行等。以上即利用将民族文化融入特色旅游节日中去的活动，使玉树的旅游知名度和声誉度得到迅速提升。

在文旅产业融合方面的竞争效应中，西藏地区更是将文旅产业融合延伸至各个产业链。在过去，游客来西藏，讲究的是“吃饭、住宿、出行、旅游、购物、娱乐”，现在讲究的是“商业、养生、学习、休闲、情趣、新奇”，其中包含许多新的旅游形式。这使文化、旅游产业得以振兴，加强了区域特色文化旅游产业的发展。研发能够打动游客心灵的旅游产品，培养地域特色鲜明的文化、旅游品牌，可以全面提升文化旅游产品的知名度，提高吸引力，提升综合竞争实力；将活跃的文化要素植入旅游产品当中，创造出可以被游客接触、接近和体验的优质文化旅游项目，使游客在参与的过程中获得深刻的灵魂体验，进而上升到认可区域文化和价值的层面；以众多的非物质文化遗产以及传统的手工艺为依托，设计和研发出一系列地域特点鲜明的旅游纪念品；依托旅游配送中心，旅游服务中心、旅游城镇、飞机场等场所，建设了一批文化旅游产品集散地和购物中心；依靠互联网与现代的媒体科技，为西藏文化、旅游产品搭建网上的售卖平台，让游客在不离家的情况下体验“天上人间，西藏大美”的文化韵味；大力推进“文化旅游+科技”的深度融合，把科技、时尚、创意元素有机地结合起来，融入文化旅游中去，打造出一批让人赏心悦目的旅游消费产品；并结合生态资源，发展森林、草原、山地、河谷旅游等，满足游客回归大自然的心愿与需求；将休闲与娱乐结合起来，藏文化和藏医文化结合起来，把西藏建成一个高品质的文化旅游目的地。

## 四、消费效应

消费源于需求与供给的变化，文旅的融合发展改变了旅游产品供给端，时代的发展改变了旅游产品的需求端，因而文旅融合会引发消费的改变，产生消费效应。基于上述思考，消费效应从需求、供给以及消费三个角度进行阐述。

### （一）旅游产品需求单一到多元化转变

文旅产业融合改变了传统的旅游消费，旅游者能够在旅行中体验和感受不同的文化旅游产品，这激发了旅游者对于文化旅游产品的期待性。由于旅游者可支配收入、空闲时间的增多、消费观念的转变，他们对于旅游产品的需求也逐渐由单一化向多元化转变，具体表现如下。

**1. 大众旅游产品的需求多元化**

虽然观光类旅游产品仍然是旅游者需求的主流，但是近年来以休闲、康养、体育、乡村、冰雪、民俗甚至摄影、越野、钓鱼、徒步等为特质的旅游需求也慢慢由小众变成大众。青海湖风景区作为青海的重点旅游景区，也因此改变了传统的旅游方式，通过文化、休闲、登山探险、单车旅游等旅游产品，使该旅游景区的文化品位得到很大的提升。换句话说，假设把旅游者的需求当作某种体验，且不再满足于视觉的体验，而是表现在人的各个方面的体验需求，从听觉、触觉、精神、嗅觉等多方面全面发展。

### 2. 文化旅游产品需求的多元化

一是地域不同、气候不同、民族不同造就了不同类型的文化，文化多样性决定了文化旅游产品的多种多样。于是有学者曾说到一个地方旅游就是体验当地的一种特色文化，某种文化体验便是一次旅游体验最为重要的旅游目的之一。二是当代旅游者对文化的渴望和需求是会不断扩大的，并且刺激对某类文化旅游产品的需要，越来越多的主流文化、亚文化旅游群体也应运而生。以与动漫文化、汉服文化、饮食文化、电影文化、非遗文化、地域民俗文化、少数民族文化等文化结合设计的文旅产品：大型的漫展、美食节、电影节、剪纸节、赛马节、泼水节、主题公园、主题演绎等活动数不胜数。

旅游者对某种文化多元化需求在文旅融合的大背景下得到满足，同时文旅融合使文化的多样化发展进一步扩展到旅游者对文旅产品的需求，从而形成了文化和旅游的双向促进和可持续发展。

## （二）旅游产品供给的同质化到异质化转变

旅游产品的同质化一直以来是困扰地区旅游发展的一个难题，同质化严重导致旅游目的地竞争能力下降。如何在周边同类型的旅游景点中脱颖而出吸引更多的旅游者，文化的引入和深度融合成为破局的关键。

一方面，文化作为旅游灵魂，使得当地的旅游发展有了方向，起到了一个引领作用；另一方面，文化作为当地一种优质的旅游吸引物用来开发特色旅游产品也能使旅游产品更具特色。从文化到旅游的转变需要具有创造力，在尊重知识产权、文化创造力的框架内，借助当代高科技和创造性工作者的智慧，促进和再造文化资源，生产出有自己特色并且具有较高附加值的文化旅游产品，在创造财富的同时也能够振兴文化。良好的旅游项目与文化创意是分不开的，包括创意的吸引力、创新的旅游体验方法、大型产业体系和创造多种盈利方式的建造。没有富有创意的旅行，人们就无法通过实际接触来体验丰富的文化内涵。

青海省地处青藏高原，拥有众多优质的旅游资源，如三江源、昆仑山青海湖和各色湖，但是由于地理位置、气候、交通基础设施等客观条件限制了青海的旅游发展，使青海这个“英雄”难有“用武之地”。2008年以来，青海寻求破局方法，先是以“大美青海”特色文化品牌树立青海的旅游形象，后设计出青海旅游发展规划，在规划中各市州也提出了如“夏都西宁、风情海东、天上玉树”等特色品牌。同时推动特色文化旅游产品的开发，如开展青海环青海湖骑行大赛、花儿会、六月会等特色文化节庆活动，并大力推广昆仑文化，藏传佛教文化，撒拉族、回族、土族、藏族等民族文化与旅游深度融合，推出特色的文化旅游产品。一方面可提高当地旅游产品的品质和内涵，另一方面可减少旅游产品的同质化，提升在周边旅游地区的旅游竞争能力。

### （三）旅游消费提质升级

文旅产业通过对旅游产品供给和需求的双向促进作用，一方面引发旅游者对文化旅游产品的迫切需要，另一方面促使旅游目的地提供多种多样的文化旅游产品。在需求的拉力和供给的推力的双重作用下，不仅提升了旅游产品的质量，而且增强了旅游者对文化旅游产品的消费意愿。

第一，文旅产业融合可以通过价值共创的方式，刺激消费增长，提升消费品质。产业融合不仅单纯地指各个产业之间的融合，也指参与主体共同创造多元价值，其主要目的是让消费者获得难以忘怀的回忆。游客不仅仅是旅游产业融合的积极推进者，还是企业战略伙伴，是服务体验的共同创造者[214]。如果旅游企业、从业者的价值观念、思想文化、服务观念、创新思维优秀的话，那么游客就能获得全新的旅游体验，文化需求及欲望就能得到满足和激发，精神就十分愉悦，消费心理就得到激发，从而加大消费行为。除此之外，通过价值共创，旅游者消费体验得到提升。不同于以往传统的观光旅游体验，价值共创的消费模式将旅游者消费体验带入新的阶段。

第二，文旅产业融合可以通过旅游媒介的方式，深度挖掘文化内涵，提升旅游者消费意愿。积极主动、兴趣广泛的旅游者们期待同企业一起创造额外的价值，期待参与到产品和服务的整个阶段，包括一开始的方案设计和提供的技术支持，两者共同创造出更有价值、顾客满意度更高的旅行新形态。当旅游者们自己进行产品创新，就能够有效地满足自身需求。旅游者对于自己所创造的文化旅游产品，往往抱有极大的期待感和尝试感，也能够最大程度地满足旅游者对于消费的需求。除此之外，不同需求的旅游者在进行产品创新时，能够促使文化旅游产品的多元化，带动文化旅游产品更好地契合时代发展特色。

旅游产业的发展需要消费者不断地支持推动，消费能力提高带来的消费效应，无疑能在很大程度上使文化旅游产业得到发展。这就要求旅游企业要充分了解到旅游者的兴趣爱好，时刻关注着旅游市场的变化。一方面，文化和旅游产业的融合使得旅游产品逐渐多元化，因此旅游者对于旅游产品的需求也在不断变化，要进一步促进旅游者的消费，就需要旅游企业对于旅游者的需求有准确的把握。另一方面，多数旅游企业所生产的旅游产品同质化严重，给旅游者带来的旅游体验也是千篇一律。文化和旅游产业的融合能够让当地旅游企业根据所在地独特的特色文化，生产出别具一格的文化旅游产品，给予旅游者全新的旅游体验，使旅游消费提质升级。

## 五、产业升级效应

文旅产业融合除了带来创新能力效应、区域整合效应、竞争力效应和消费效应之外，还带来了产业升级效应，其改变了产业结构（文化产业的产业链得到延伸、旅游产品市场空间被扩大）、丰富了产业形态（文化旅游产业集聚化显著、文旅产业特色化发展）。

在产业融合过程中，企业的最终目标就是实现利益最大化，所以会想尽一切办法顺应时代潮流，通过创新来进行生产经营活动。文化、旅游产业的升级不仅催生出很多新的复合型产品，为企业创造了很多新兴市场，还对新产业的形成和发展起到促进作用。

企业一方面会通过自身技术改革，提升资源的利用效率，或者学习模仿其他企业的技术及运作模式，生产出全新的产品，提供全新的服务，进而在市场上取得竞争优势，这就会引发产业结构的改变。文旅产业结构改变的原因不是单一的，一部分原因在于技术创新对传统行业产生了冲击，促使企业不断地更替旧产品和服务，使产业结构朝更合理的方向发展，另一部分原因在于文化旅游产业融合推动了企业之间的互相学习和资源分配。文旅产业结构的改变不仅能改善文化、旅游业产业结构单一、发展空间狭小的问题，延伸文化、旅游各自产业的产业链，也能够扩大文化、旅游产品的市场空间，扩大两个产业的消费群体人数。

企业在另一方面会追求一定的规模经济效应来降低产品的成本，通过技术融合来实现产业升级，这就会引发产业形态的丰富变化。企业在融合过程中能获得技术扩散的规模效应和外部效应，即使是同样的产品，不同企业也有不同的战略部署、管理方式、技术水平。通过多种方式，企业孕育出新产品，行业孕育出新业态，产业实现升级。产业升级的其中一个表现就是产业的集群化升级，产业集群化是指以新的产业价值链为主体，形成纵向朝内部延伸的和横向外部扩展的产业链。随着产业链的不断交叠融合，旅游新产业的结构效应和整体效应都会得到升级。

近年来，青海省政府部门对文化、旅游产业融合高度关注，在青年博览会等展览和竞赛平台大力宣传旅游品牌和景区。青海在战略策略、产业布局和项目建造等方面努力推进文化、旅游产业的融合，形成了旅游互动与融合的局面。

青海省文化、旅游产业融合不仅调整了省内原有文化、旅游产业不合理的产业结构，延伸了文化产业的产业链，增加了文化产业的附加值、旅游产业的吸引力，吸引了更多游客来青海旅游，还使青海省文旅产业走出了区别于全国的、带有青海本地特色的文旅发展之路。由于文化的凝聚作用，青海省文旅发展集聚现象凸显，逐步形成以西宁为发展核心的文旅产业发展空间格局。

## （一）文化产业的产业链得到延伸

文化产业利用与旅游价值链的各个环节相结合发展，以直观的方式向消费者展示文化产品或者服务。在旅游过程中，使游客充分感受到文化方面的消费，使他们对文化符号价值的认知能力进一步提升，并激发他们对文化价值的认可度，增加游客对于文化产品的需求，从而不断扩展文化产业的产业链。

近年来，青海省对一些非常有特色的文化产品进行了转型和升级。例如，黄河奇石文化产品、农民画作、湟源灯具、少数民族歌舞、刺绣等文化产品，通过创新、开发、升级形成了新的区域文化品牌。还有一些新的文化产品，比如，粗盐雕刻、粗陶制茶具、彩陶符号的羊绒围巾、现代掐丝产品、石艺画、布贴画等，既具有地域特色，又创意新颖，不仅提升了文化产品的价值，还迅速提高了文化产品的知名度。黄南藏族自治州的文化资源富饶，热贡艺术的创作作品与展览不仅遍布全省，而且遍布全国200多个热贡艺术创作平台与展览点。在唐卡绘画和刺绣的基础之上，开发出数百种文体旅游纪念品，比如：泥塑、藏香、传统的弓箭、民族服装饰品等。热贡文化、艺术等多个品牌与商标已申请注册，从而得以实现文化的附加价值。文化产业的产业链因为旅游而得到不断延伸，未来还会因为旅游而不断得到进一步的价值挖掘。

## （二）旅游产品市场空间得到扩大

游客的需求是旅游产业与文化产业融合的内在动力。通过了解其需求，不断创新产品、不断升级，最终实现提升竞争实力与扩大市场的份额，成为两者融合的目标。

第一，在旅游发展中通过整合区域中的优秀文化元素，开发出满足游客多元化需求的文化产品，将为游客带来深厚的旅游体验，激发游客的兴趣，从而使游客产生购买文化产品的欲望，实现扩大文化消费市场空间的最终目的。近年来，伴随青海省旅游业的迅速发展，越来越多的游客通过购买文化产品进一步了解了青海省的文化，也促进了青海省地域文化的保护以及广泛传播。

第二，利用资源的优势互补，逐步提升文化产品的知名度。青海文化旅游节自 2003 年开始举办，以少数民族歌舞、服饰等民族文化资源为核心，整合民族文化的资源，目的就是弘扬少数民族的优秀文化。通过这么一个平台可塑造青海民族文化品牌，提升民族文化产品的市场份额。青海在举办节会期间，吸引了大量的国内外游客，推动了经济的发展，加大了对非物质文化遗产保护和开发的力度，扩大了其社会影响，实现了旅游产品市场空间的扩大。

### （三）文化旅游产业经济效益增强

文化和旅游融合最直观的产业升级效应就是实现了文化旅游产业一体化，增强了文化产业、旅游产业的经济效益。伴随文化和旅游产业的不断融合，旅游文化产业一体化的趋向日益明显，其表现形式多以文化旅游产业园区出现，文化与旅游融合带来的经济效益逐渐显现。

以湟中区为例，近年来，湟中区一直坚持“把湟中打造成著名藏传佛教文化旅游圣地、西宁民族民间工艺品展示中心”这一目标，不断加大对文化产业发展的投入，加强文化产业园区的建设，加快公共文化服务体系建设的步伐，文化产业的发展势头强劲。2018 年 1~5 月，全县的文化产值达到了 2 亿元，其中“八瓣莲”花特色产业的产值达到 1.8 亿元，占到全县文化产业总产值的 90%。

文化旅游产业一体化着重体现在文化旅游创意园区、产业园区、主题公园、主题乐园等的建设。以西藏文化旅游创意园区为例，西藏的文化旅游创意园区总体规划面积大约为 8.147 平方公里，总投资金额约为 300 亿元，建设周期为 3—5 年，2013 年被评为“国家级文化产业示范（试验）园”、2015 年被评为“拉萨国家现代服务文化旅游创意产业化基地”和“科技工作先进集体二等奖”、2016 年被评为“拉萨市人才管理改革试验区”、2018 年获评“国家级文化产业出口基地”（见图 5-11）。

图 5–11　西藏博物馆（西藏文化旅游创意园区一瞥）

园区以文化旅游作为主导产业，建造了集民族文化的展览，民俗手工艺品的生产和销售，娱乐，休闲，旅游，生活服务等为一体的文化旅游产业聚集区。园区以藏民族深厚而独特、传统的文化遗产为依托，以项目的建设作为介质，展示藏族的建筑风格、民族音乐、歌舞、绘画、服饰、生活风俗习惯、民俗故事等。全方位打造出有藏族特色、西藏风格的先进文化品牌。按照“一座城、一园区、三峡谷”的框架，进行了规划与建造。在总体规划的指导下，坚持创新的科技表达，文化的创造诠释和旅游的推广。园区被规划为文成公主文化旅游的主题公园，藏族民俗的体验区，高原影视文化城，藏药文化的创意园，艺术家创作的基地，出版文化的产业园，藏族文化旅游的工艺体验展区和旅游服务配套设备建设九大功能区域。

自 2013 年以来，文创园已正式挂牌的招商引资项目达 29 个，投资额达 104 亿元。2016 年，园区首个进驻与运营的项目《文成公主》全剧共演出 186 场，演出及旅游服务配套共计接待游客近 40 万人次，创收达 1.5 亿元。文化旅游产业一体化能够产生“1+1>2”的产业效益，远超单一的文化产业和旅游产业效益。

当然，文旅一体化进程中也会面临许多问题。对于一体化进程中所面临的模式问题、主次问题、政府指导和市场主导、开发和利用等问题，要做出顶层设计和整体性把握。根据当地具体情况建设不同的旅游产业整合模式，促进旅游业的多样化以及特色的发展，促进旅游产业一体化进程中的区域联动和合作、竞争。与此同时，加强政府在文旅产业融合方面的带头作用、示范作用、引领作用，发挥市场的主导作用；在开发利用文化旅游资源时，要注意保护和开发旅游资源，形成旅游资源的可持续发展。

### （四）文化、旅游产业特色化发展

旅游是文化传播的媒介，特色文化是旅游的一张名片，多民族聚居区有多姿多彩的景观，独特的地域特色，还有丰厚的少数民族特色文化及多样性宗教文化。文旅产业的融合为特色文化的创新创造了条件，奠定了市场基础，形成了新型的复合型产业模式。

文化和旅游产业的融合发展，可以促使旅游产业充分挖掘特色文化的深刻内涵，打造独特的民族品牌，深化文化旅游各个方面的交流合作来革新不同文化的发展方式，从而形成具有鲜明特点的旅游产品。

文化产业特色化发展方面，西藏地区的经验是西藏文化与现代传播方式的结合。故事是最深刻、最吸引人、最具感染力的，一些著名的文化旅游景点客流非常大，一个主要原因是这些地方通常有非常多的精彩故事，为游客留下了很多余味；同时故事可以对目的地进行广泛的传播。西藏有很多故事，来西藏旅游的游客有三个“一定看”：参观布达拉宫与大昭寺，观看大型的现实剧《文成公主》。由于这些景点得到了丰富的文化内涵的支持，并通过现代技术手段得到创新发展，因此能够回味悠长。发展文化旅游和文化旅游产业，要加强对这些历史文化遗产的挖掘，收集整理一些传奇的故事，掌握地区文化的核心与实质。只有将历史文化、传统文化与现代文明有机地融为一体，然后进行编织和发展，才能在讲述西藏的精彩故事时，为有形和无形的历史文化注入时代活力。在西藏故事的传播过程中，应该注重与当代媒体优势的结合，充分利用广播、电视和网络媒体，尤其是发展相当迅速的自媒体平台，更广泛地传播西藏故事，传播西藏文化、实现西藏文化特色化传播。

旅游产业特色化发展方面，西藏地区的经验是突出某区域传统文化和人文特色，以发展地区旅游。西藏文化资源具有非常鲜明的地域特色与民族风情，比如，象雄、古格、康巴、卡诺、格萨尔王、茶马古道文化，以及藏族建筑、服饰、传统文化等。这不仅是文化、旅游产业发展的主要资源，也是促进两个产业深入融合的根本因素。西藏地区充分依靠历史、文化、传统文化的学术探究，深入思考其思想本质，运用现代表现形式，创造性地处理文化资源，使其更加丰富、具体，广泛提升其在市场上的价值，创造出经济、社会利益。此外，西藏地区进行优势资源的整合，加大市场运作力度，突显藏文化的特点，加快创建满足国内外市场的一些景点，使新的景点更具震撼力、吸引力、竞争力，抢占到文化、旅游产业的制高点。

## 六、本章小结

旅游业是文化传承发展的介质，而旅游的灵魂就是文化。目前，文化与旅游融合发展已经成为一个趋势，是一个新兴的综合性产业。为了协调文化事业、文化产业和旅游资源的开发，提升民族文化的软实力与我国文化的影响力，文化和旅游部已在国家层面建立、重组起来，省和市一级有序推进文化和旅游组织的整合。随着旅游市场需求的逐步变化，文化、旅游产业一体化发展的内容和形式将继续发展。产业整合产生与激发的多重效应是促进城市或区域经济社会发展的巨大力量，值得关注和充分利用。本章在解析青藏高原多民族聚居区文化与旅游融合发展的路径及模式基础之上，分析了两大产业融合发展给青藏高原多民族聚居区产生的五大综合效应，即创新能力、区域整合、竞争力、消费、产业升级效应五个方面。

# 第六章
# 青藏高原多民族聚居区旅游业与文化产业融合对策

旅游产业与文化产业之间的关系不是相互重叠、替代、同一，而是相互交叉、渗透和提升。文化与旅游本身具有天然的耦合性①，“任何一种旅游活动无不以文化为内容，文化消费是旅游消费的主要内容，旅游活动也是一种流动的文化活动，它作为文化的载体，传承和创新着文化”[216]。旅游产业和文化产业本身就具有很多共同属性，如文化属性、经济属性等。“旅游产业是经济性很强的文化产业，也是文化性很强的经济产业。旅游的发展离不开文化的挖掘，同样文化的发展离不开旅游的带动，二者融合发展是产业发展的必然趋势和要求”[217]。随着旅游业的迅速发展，旅游活动已经成为越来越多人的一种生活方式，旅游需求也由过去以观光为主逐渐向以体验为主转化。游客希望在旅游的过程中体验异质文化、开阔眼界、增长知识，因而文化旅游兴起并成为旅游业发展的主要增长点。这也为旅游产业和文化产业的进一步融合提供了契机，将两者融合必将能打造出更具吸引力和竞争性的富有地域特色的文化旅游产品。

---

① 耦合：原本是一个物理学的一个基本概念，引申到经济领域，指两个或两个以上的系统或运行方式之间，存在紧密配合和相互影响，以至联合起来的现象。

青藏高原有着悠久的历史和丰富的民族文化，一方面，这里海拔高、空气稀薄，有“世界屋脊”之称，对于人类的生存提出了很多考验，因此除原住民外，其他族群在历史上很少进入或进入数量有限；另一方面，曾经长时间远离中央王朝的统治中心，受到其他民族文化，尤其是汉文化的影响相对较小，从而保存下来的文化资源很多具有独特性和垄断性。因此，青藏高原的文化旅游资源丰富而神秘，对游客有着极大的吸引力。同时，青藏高原生态环境整体脆弱而地位又十分重要，文化产业和旅游产业都具有低耗能、低污染的特点，因此将两者结合起来，因地制宜地打造新型文化旅游产品有可预见的良好发展前景。在具备资源优势和旅游业发展势头良好的前提下，借鉴发达地区的先进经验，探索文化产业和旅游产业融合的对策对于两个产业的发展都会有积极的推动作用，从而提升青藏高原文化软实力，带动社会经济的可持续发展。

青藏高原多民族聚居区旅游产业和文化产业的融合发展还处于初级阶段，起步较晚，因此，推动青藏高原多民族聚居区旅游产业与文化产业的融合，需要满足游客对文化旅游产品的需求，同时还需要企业之间深层次的合作。另外，政府的推动和外部环境的保障在促进两者融合发展方面也发挥着巨大的作用（见图 6-1）。

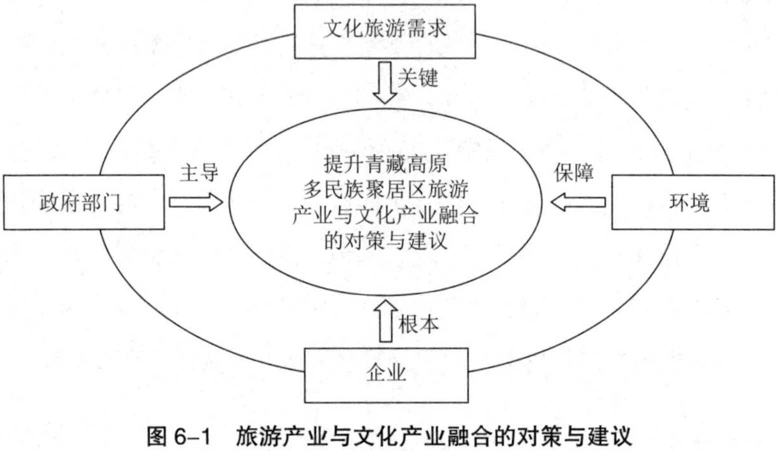


**图 6-1　旅游产业与文化产业融合的对策与建议**

## 一、了解和引导游客文化旅游消费需求

实现旅游产业与文化产业的融合，开发满足市场需求的文化旅游产品，应结合自身资源优势，调查了解游客具有哪些文化旅游消费的需求，有针对性地进行开发营销，避免或少走弯路。当然消费者有时并不了解自己的真正需求，作为企业还要做好引导工作，使之对不了解的文化旅游产品产生好奇心和消费需求，从而开拓出新的市场。

笔者认为可以通过三个方面（见图 6-2）来了解和引导旅游者对文化旅游的消费需求：首先需要充分了解游客是否喜欢文化旅游产品，对哪些文化旅游产品感兴趣；其次针对游客的市场需求，开发出游客喜欢的文化旅游产品；最后通过各种方式方法，积极引导游客参与、体验文化旅游活动，使游客由原来的被动参与转为主动参与，从而获得更多忠实的文化旅游消费者。

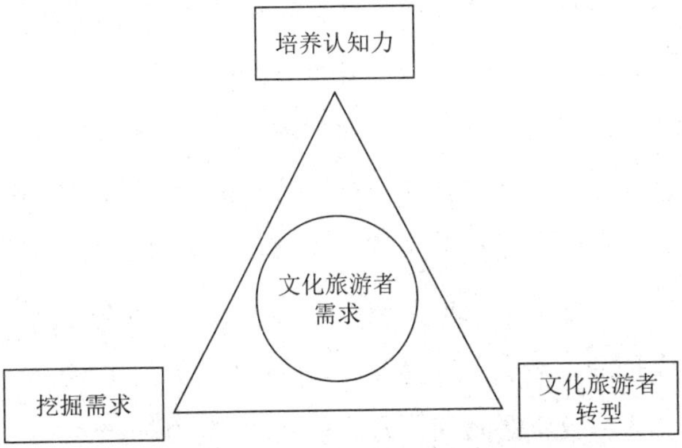


**图 6-2　文化旅游需求的引导路径**

### （一）调查了解文化旅游消费需求

调查了解旅游者的文化消费需求是进行文化旅游产品开发的第一步。青藏

高原多民族聚居区哪些文化产品能够吸引游客，哪些文化产品可以与旅游相结合，应该在旅游开发前有一个较为全面的调查，不能盲目开发，造成对资源的损害和浪费。获取信息的途径有借助网络资料、消费调查和对消费者的书面问卷等方式。网络数据获取最便利，数据资源也很庞大，可以较为全面地了解消费者的文化消费需求和倾向；消费数据是最具说服力的，能真实地反映游客对什么样的文化产品更感兴趣并真正愿意花钱、花时间去消费；问卷调查虽然获取的数据具有局限性，不如网络调查那样涉及面广，但是由于其调查对象是已经踏上青藏高原的消费群体，因此得到的数据最客观，也最有说服力。通过对不同方式获取的数据进行比较分析，我们大致可以了解游客对青藏高原哪些文化产品最感兴趣，愿意进行消费。为进一步将文化产业和旅游产业相结合，开发出既能反映高原文化特色，又能被游客所欢迎的文化旅游产品打下基础。

### （二）开发满足旅游者需求的文化旅游产品

要想开发游客喜欢的文化旅游产品，就得充分了解游客的消费需求。文化旅游产品的开发，一方面依靠文化产品本身的内涵和魅力，另一方面则要借助企业的自我创新，开发真正有创意，能激发旅游者消费欲望的产品，满足旅游者体验当地特色文化的需求。因此，在进行旅游开发时要将那些最能代表地方文化特色，内涵丰富的文化产业与旅游相结合，从而实现经济效益和社会效益双丰收。西藏是藏文化的发源地，藏文化博大精深，是取之不尽的资源；青海则是一个多民族省份，历史上有羌人、汉人、鲜卑人、吐蕃人、蒙古人等，现在有六个世居民族，分别是汉族、藏族、回族、土族、撒拉族、蒙古族。各民族形成各具特色的民族文化，各个民族有自己不同的宗教信仰，形成了藏传佛教文化圈、伊斯兰教文化圈和汉儒文化圈，文化面貌呈现出多样性和融合性的特点。对于青藏高原的文化资源开发，既要突出藏文化这个最具代表性的地域文化，又要呈现文化多元化的特点，例如，对于主要分布在青藏高原上的土族、撒拉族文化资源的挖掘开发就容易取得成效。青海互助土族故土园在

2017年荣升为国家5A级旅游景区就是一个成功的案例。

文化旅游产品的创新可以从以下几个方面着手。

第一，旅游观光中融入更多文化元素。例如，一些大型的文艺演出和节庆活动都是比较好的选择，可以在当地有条件、有代表性的旅游景区中进行策划，选择能代表当地文化特色，反映当地民俗风情，文化价值和欣赏价值都较高的文艺演出和特色表演。既让游客通过表演了解到当地的文化，又能提升当地文化的影响力，带来丰厚的经济效益和社会效益的回报。这种结合可以借鉴的案例很多，如湖南张家界的《魅力湘西》，浙江杭州的《宋城千古情》，张艺谋的“印象”系列等，都取得了不错的成效。这些创意产品之所以取得成功原因是多方面的，就共性而言，可以总结出几个方面。一是借助知名的旅游景区，如张家界国家公园、杭州西湖景区、广西阳朔的山水等，游客在欣赏优美风景的基础上，观看演出活动延长了在目的地停留的时间，丰富了晚间活动。二是内容上选择最能体现当地民风民俗和代表性的文化元素。《魅力湘西》展现了湘西地区神秘独特的民俗及具有代表性的文化元素，比如赶尸这种充满神秘色彩的民俗活动以及湘西名人沈从文的作品中的意境等。《宋城千古情》则融合了杭州丰富的历史文化和神话传说，以杂技、武术、歌曲、马戏等多种艺术形式展现杭州的文化特色。张艺谋的印象系列也是通过挖掘目的地文化中一个典型的、富有创意的主题和文化形象，依托当地的自然山水予以集中展现。三是制作精良。这些制作往往从选材、选址等方面都精心策划设计，制作手段上融合了现代高科技特效和道具，制作团队有创意、水平高，推出了真正的文化大餐。由此给予我们很大的启示，青藏高原多民族聚居区有丰富多彩的民族歌舞，也有情节曲折、内容丰富的历史故事和民间文学，如文成公主入藏、藏族的《格萨尔》、土族的《拉仁布与吉门索》、蒙古族的《汗青格勒》等，都可以搬上舞台，如果能通过精心策划和设计包装，结合青藏高原旅游资源的优势，是能够打造出知名品牌的。

此外，还可以通过举办节庆活动、知名体育赛事、文化邀请活动、民族传统节日等，展现地方文化，推进旅游发展，使得文化与旅游更好地融合。例如，环青海湖国际自行车赛就是一个体育产业与旅游产业成功融合的典范，环湖赛作为亚洲顶级自行车体育赛事选择的路线是当地最有代表性的自然风光和人文环境，因此此项赛事不仅引起体育爱好者的关注，也因大美青海自然文化资源的展现而吸引了很多游客的到来。近些年青藏高原借助其特殊地理环境和民族文化特色，不断推进体育产业和文化产业的相互融合，到2016年青海省已经有十项体育旅游项目被列入全国体育旅游精品项目。包括龙羊峡体育小镇景区、互助土族故土园两个体育旅游精品景区；中国青海岗什卡国际登山滑雪线路、门源百里花海徒步线路、大美青海避暑休闲线路、青藏高原天路之约自驾车线路四个体育旅游精品线路；环青海湖全国徒步大赛、中国青海国际民族传统射箭精英赛、文峰杯全国山地自行车邀请赛、中国青海国际高原攀岩精英赛四个体育旅游精品赛事，已经形成品牌的环湖赛则被列入全国体育旅游创新项目。

西藏特色体育赛事也与旅游结合，吸引着越来越多游客的目光，如在风景优美的林芝，藏族传统的射箭、“押加”（藏式拔河）、抱石头等民俗体育活动既展示了民族传统文化，又能吸引游客参与其中，体验藏族传统体育活动，使体育文化与旅游活动得以结合。青藏高原上还有很多特色鲜明的民族节庆活动，如藏族的赛马节、蒙古族的那达慕、土族的纳顿等都具有民族性、娱乐性、参与性等属性，与旅游业相结合，能使旅游活动融入更多的文化元素，成为展现地方文化的载体。

第二，可以在旅游商品中更多融入地方文化元素。旅游者购买旅游商品最看重的是商品的文化属性，如何将当地文化元素很好地融入旅游商品中，是商品设计开发者首要考虑的问题。从现在旅游商品的开发现状看，可以从题材、工艺、材料、包装等方面入手。青藏高原旅游商品过去存在缺乏地方特色和创新意识的问题，很多商品直接是从外地运来销售，知名度不高，对游客缺乏吸引力。近几年地方政府重视旅游商品的开发，出现了一系列名优商品，如唐卡、各民族刺绣、盐雕、藏毯、玉器等，不仅提升了游客对当地旅游商品的认可度，而且带来了可观的经济效益。青海省还在2017年开展了大美青海旅游商品大赛，从500多项上千件参赛旅游商品中评选出了旅游工艺品、旅游食品、旅游纺织品、旅游纪念品四个门类金奖各一项、银奖各两项、铜奖各三项，促进了旅游商品的创意性、精良性和品牌性的良性发展。

第三，在旅游介体中融入当地文化元素。可以从住宿、餐饮、交通等方面多做文章。游客出行不仅要住得舒适安全，还想体验当地居住文化特色。我们国家地域辽阔、民族众多，不同地区不同民族形成了自己富有特色的民居形式。就青藏高原而言，有帐篷、碉楼、庄廓、蒙古包等民居建筑，现在兴起的帐房宾馆、农家乐等满足了部分游客的需求。外出旅游不仅要饱眼福，还要饱口福游客到一地最想尝试当地有特色的饮食。中国地大物博，不同区域形成了自己独特而丰富的饮食文化，成为旅游中重要的消费项目。青藏高原是个多民族聚居区，各民族因地域差异、民族特色、宗教信仰、经济因素等原因形成了各具特色的民族饮食习惯。主要有以藏族为代表的高原饮食文化习俗和以回族、撒拉族为代表的清真饮食文化习俗。青藏高原是高寒高海拔地区，这里畜牧业发达，肉乳制品种类多、质量高。牛羊肉、酸奶、青稞酒、糌粑等藏族人民的日常饮食对于外地游客来说十分新鲜美味，受到他们的欢迎和喜爱。以回族、撒拉族为代表的穆斯林则受伊斯兰教文化的影响，制作特色的清真食品，如各种面食、甜醅、奶皮、牛羊杂等。创办于2007年的中国（青海）国际清真食品及民族用品展览会已经跻身国际八大清真食品展会之列，每年都会吸引不少国家地区参会，成为青藏高原清真食品与外界进行企业合作、产品推介、文化交流的一个品牌展会。近几年青藏高原通过行业评比，涌现出了一些食品知名品牌。在此基础上要注重对品牌企业的监管，保障食品安全和质量，维护青藏高原饮食文化的形象。同时由政府出面打造具有高原特色的饮食一条街，集中优良商家入驻，为游客品味地方特色饮食提供便利。交通工具不仅满足了游客空间移动的需要，也可以让游客体验当地人的出行习俗。青藏高原已经得到开发的有骑马、骑牦牛、乘船、黄河漂流、羊皮筏子等富有地方特色的交通工具。交通民俗的开发既要保障游客的出行安全和便利，又要展现青藏高原富有特色的交通工具。

第四，文化产业链向旅游方向延伸。文化创意产品包括艺术演出、影视创作、游戏开发、动漫制作等，在产品策划设计中更多融入当地旅游产品，通过文化产品的扩散提高旅游产品的影响力，甚至增添新的旅游产品。比如，一些影视拍摄基地、艺术品创作基地、游戏实际场景等。青藏高原上有很多手工艺品技巧精湛、内容丰富、特色鲜明，游客对譬如唐卡、酥油花、农民画、皮影等的制作过程和作品非常感兴趣。因此，在设计开发产品的过程中，不仅让游客能够参观欣赏成品，同时还能将一些产品的制作过程作为一个旅游项目开发出来，让游客能够亲自体验和参与这样的制作过程，从而获得更为深刻的体验和收获。这样的文化旅游产品对游客来说无疑是最具有吸引力的。旅游者旅游的过程是一个追寻文化、消费文化、体验文化的过程，企业就要因势利导挖掘文化、加工文化、经营文化，从而“通过丰富和拓展文化内涵不断满足游客更高层次的精神需求，推进旅游产业的素质，借助旅游市场推动文化产业的发展”[218]。在各种文化产业和旅游产业融合的模式中，文化产业园区是一种逐渐被市场接受和认可，成为新型旅游吸引物，推动两大产业更好融合的平台。文化创意园区是在产业政策的优惠下，以区域文化旅游资源为载体，在政府为主导的整体规划和引导下，吸引文化旅游产品的经营者和中介机构在园区内集聚，逐步营造文化氛围，打造文化品牌。文化创意产业园区要通过科学规划、优惠政策、周到服务吸引文化企业和旅游企业入驻，更好地发挥集聚的作用。如北京的宋庄、“798 艺术区”，上海的“海上海”文化创意园区、“8 号桥”等推动了两大产业的融合，提升了影响力，赋予了文化产业以旅游功能。青藏高原在这方面也在做积极的探索，就青海而言，省政府在 2016 年出台《关于加快发展文化产业的意见》中确定了重点建设的五个文化产业集聚区，分别是：河湟文化产业集聚区、热贡文化产业集聚区、三江源生态文化体验区、环青海湖生态文化旅游先行区、昆仑文化产业集聚区。这五个集聚区又包含25个文化产业园区或基地。文化产业园区本身就是旅游产业与文化产业融合的产物和结果。

## （三）积极引导旅游者体验文化旅游产品

旅游活动本身具有文化属性，游客的出行行为带有对远距离异质文化的崇拜，“文化是旅游的灵魂和主要内容，文化与旅游结合形成旅游的特色和魅力；旅游是文化的载体，是传播渠道和交流方式；旅游是文化繁荣的重要支撑，旅游产业为文化产业发展提供更加广阔的市场空间”[217]。随着人们生活水平的不断提高和旅游业发展步伐加快，游客出行中文化体验的需求逐渐占据主导。

青藏高原不仅自然风光奇特瑰丽，还有着丰富神秘的人文景观，这里的宗教文化、民俗风情、历史遗迹等，很多具有唯一性和不可复制性。要想进一步将旅游产业与文化产业相结合，必须做好对文化旅游产品的宣传，引导更多游客认识到青藏高原的文化魅力，从而踏上探寻文化的旅程。

随着多媒体时代的到来，文化旅游产品的宣传可利用的媒介和渠道五花八门。我们可以充分运用各种宣传手段，加强游客对文化旅游产品的认知。宣传文化旅游产品的方式则可以从以下几个方面入手。

首先，传统的影视、广播、报刊等媒体依然在传播信息方面发挥着重要作用。可以组织优良团队或者邀请有实力的制作团队有针对性地拍摄反映青藏高原特色文化的影视剧、纪录片，争取在有影响力的媒体中播放，引发游客的关注，为他们开启青藏高原文化之旅做好铺垫。当然当优良团队将创作的视角投向青藏高原时，当地政府和民众应给予积极的支持和帮助。与青藏高原相关的一些有影响力的影视作品，如《红河谷》《可可西里》《西藏风云》等的热播，大幅提升了青藏高原自然风光的知名度和历史文化的影响力，也大大激发了人们开启青藏高原之旅的热情。此外，一些有影响力的报刊也可以作为宣传阵地，通过文字加图片的形式，形象生动地展现出青藏高原自然风光和文化特色。《中国国家地理》杂志曾在2006年做了两期青海专辑，较为全面地介绍了青海雄浑壮美的自然风光和多姿多彩的历史文化、民俗风情，起到了很好的宣传效果。

其次，可以充分利用现代新兴的新媒体传播工具，创新宣传手段。比如现在使用频率很高的微信、微博等，可以抓住一些热点话题，与宣传目的相结合，采用生动活泼的形式加强游客对青藏高原文化旅游产品的认知能力。如电视剧《人民的名义》热播，青海旅游部门就不失时机地推出李达康书记来青海的微信，通过其朋友圈的形式对大美青海有代表性的旅游产品进行宣传，引起广泛的热议和转发，起到了意想不到的宣传效果。受到网络营销的影响，旅游电子商务兴起，产品通过在线销售吸引了更多客源。互联网技术使得获取信息反馈更及时，文化旅游企业可以根据用户反馈提取市场需求信息，进行产品的改造和再完善，发现潜在的文化旅游消费偏好，有针对性地进行营销宣传。

再次，通过导游的讲解介绍、户外广告等更为直观的形式提升游客对文化旅游产品的认知能力。青藏高原上已经形成了一些知名的旅游品牌，在游客消费过程中，应不失时机地加大对于一些新兴文化旅游产品和知名度尚不够高的文化旅游产品的宣传力度。这就需要政府引导，企业间相互配合，从宣传语言、文字的选择到宣传力度、方式的把握都应集思广益，慎重决策。

最后，最好的宣传方式是口碑。现代文化旅游中，“游客不单纯是一种文化的旁观者，而且是不同文化的参与者和传播者”[219]。随着信息时代的到来，人们了解信息的渠道更多是借助网络平台，一个游客的一篇游记就可能会影响一个旅游目的地的客源的多寡。一些旅游产品选购网站还有评分功能，也在一定程度上会影响游客对旅游目的地的选择。因此，通过提供优质的产品和服务，增加游客对目的地文化旅游产品的认可度，形成好的口碑，才能吸引越来越多的游客踏上青藏高原，来体验这里丰富多彩的文化旅游产品。

## 二、构建企业深层次的合作关系

产业融合的关键是建立文化企业和旅游企业之间深层次的合作关系。既要强化企业经营者和管理者的融合观念，有意识积极展开推进企业间的合作，更要在融合的基础上打造能力强，更具竞争力的知名企业。

因此，在企业方面可以通过企业合作、打造精品、提升能力、实施营销、培养人才等方面来实现和提升两大产业的融合发展（见图 6-3），最终达到旅游文化化，文化旅游化的目的。

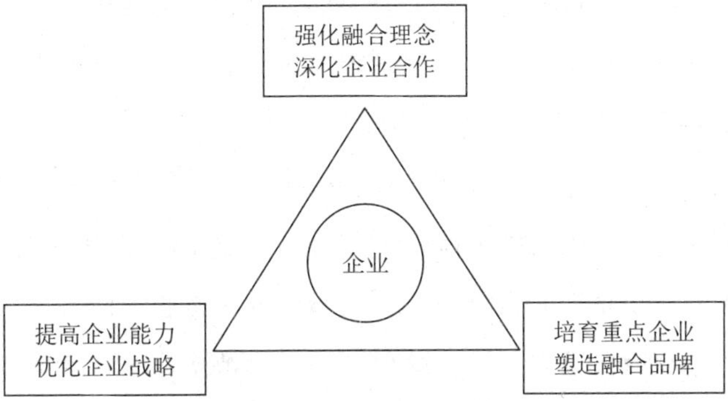


**图 6-3　企业层面的对策**

### （一）强化融合理念，深化企业合作

文化产业能够“丰富旅游的文化内涵，推动旅游产业深度化、多元化结构调整。旅游为文化产业发展提供创意源泉、市场空间、资金支持和交流平台”[220]。正是文化产业和旅游产业的这种相互依赖，可以通过加强企业间的合作、融合实现文化企业和旅游企业的集聚效应、协同效应和规模经济效应，使企业获得更大的发展空间。

文化企业和旅游企业间的合作，要降低行业壁垒，在技术层面、管理层面、市场层面等深度融合，赋予原有产业新的附加功能，从而增强企业的竞争力，实现互利双赢的共同目标。

技术融合是指“通过将文化产业中的文化产品制作与研发技术同旅游产业中的旅游资源开发技术相结合，便构成了两大产业融合发展的技术路径，从而将旅游产业的价值链环节渗透到文化产业之中，进而形成了旅游产业融合发展的技术渗透融合模式”[221]。不同产业需通过新技术对产业进行改造，从而开发出新的产品。企业通过技术手段和创意思维，对文化产品进行设计包装，推出高科技、精品化的文化旅游产品，能带给游客更丰富的体验，带动两个产业的共同发展。技术融合可以降低企业生产成本，提高产品品质。如果文化旅游企业能够通过现代技术强化融合并向其他产业延伸，就能使企业本身获得更多的竞争优势。

市场融合：旅游产品和文化产品的市场本身有着交叉性，很多旅游者在选择旅游产品时会注重其文化属性，文化产业中的传播方式大量应用于旅游产业的营销中。例如，影视报刊、动漫产业、图书音像等，很多人是通过对这些文化产品的消费而对一个旅游目的地产生兴趣，进而踏上文化旅游消费的旅程。由于两大产业有共同的市场契合点，推动着企业由竞争走向合作，借助市场这只无形大手可形成新的业态，如文化创意旅游、节庆旅游、会展旅游等；也会出现一些具有新的产业功能的园区，如旅游景区兼影视文化基地、旅游景区兼体育休闲场地等；还会形成新的产业集群，如宗教养生旅游景区等，以满足文化旅游市场的新需求。市场层面的融合“如果能够在相互的市场上创造新的机会和激励，产业融合可以看作不断增加竞争力的一种资源”[222]。

管理融合：文化产业和旅游产业分属不同的部门管理，为了促进两个行业更好融合，文化部门和旅游部门首先要建立起协作的长效工作机制，打破地区、行业和所有制的壁垒，实现两个行业之间的无缝对接。文化企业和旅游企业管理上的融合要做到企业分工协作、相互介入，最终走上一体化的道路。通过联合、重组、兼并等形式组建文化旅游产业集团，建立起统一、协调、高效和共同发展的文化旅游产业管理体制。

## （二）提高企业能力，优化企业战略

旅游产业和文化产业的融合扩展和升级了两大产业的产业结构和市场结构，提升了旅游业和文化产业的竞争力，文化产业为旅游产业提供丰厚的资源，而旅游业的各个环节则为文化产业的发展提供了载体和发展动力。这种相互融合实现了双方资源共享，使产业边界更加模糊，促进了产品和服务的升级，进而拉动需求升级，双方市场在发展过程中也融合在一起，最终创造出新的市场需求和更大的利润空间。

产业融合对于企业的能力提出了较高的要求，包括企业的整合能力、创新能力、知识学习的能力等，其中创新能力是文化企业和旅游企业融合的关键。企业创新能力的提高着重体现在以下几个方面。

一是观念创新。要打破旧的思维定式，接受新思想，拓展新思路，结合自身具备的资源以及市场的需求，打造出多元化的文化旅游产品。创新思想要贯穿于文化旅游产品的设计、生产、销售各个环节中，在充分进行市场调研的基础上，研究如何让青藏高原上丰富的文化资源发挥出最大的优势。文化与旅游的结合源于游客文化体验的需求，对个性化、多样化产品和服务的需求，因此文化旅游产品也要从这个思路出发。开发歌舞表演、艺术展览、手工艺展示、节庆活动等形式多样、参与性强的文化旅游活动，鼓励一些文化传承人走向舞台，鼓励传统手工艺制作方主动与旅游企业相互合作，促使其由作坊式生产企业向现代企业转型，真正实现文化的传播和繁荣。

二是技术创新。主要是借助信息技术、数字技术来支持文化旅游产业。一方面，借助一些新的旅游营销组织，如携程网、途牛网等，不仅为游客提供了出行的便利，也成为企业自我宣传的重要窗口，有条件的企业应该充分利用互联网技术创建自己的门户网站；另一方面，在产品的策划、包装方面可以借助更多的现代科技，如舞台的光影效果、数字模拟场景等，同时对于旅游商品的开发也更多地应用高科技，使商品的科技含量、审美品位和保存时间各方面都有所提升，让游客的文化体验更为丰富直观并愿意主动消费文化旅游产品。通过技术创新，“一些深受市场喜爱并且有广泛传播的文化产品凭借其优秀的文化内容，同时借助高新技术手段，通过产业融合的方式，能够开发出新的旅游产品甚至形成新的旅游目的地”[219]。青藏高原整体科技发展水平不高，这就要求各地政府部门高度重视对科技发展的投入，加强知识产权保护，培养和引进科技人才，运用高科技手段提高产品的价值和服务的水平，使文化旅游产业在市场经济中更具竞争力。

三是管理创新。“企业作为产业融合的主体，其实力的大小和创新能力的高低，对能否实现产业融合起着关键的制约作用”[223]。产业融合是不同产业链上企业的拆分，重新组合就要求打破行业壁垒，形成新的合作模式。在条件成熟时组建文化旅游产业集团，将有形资源和无形资源有效整合，实现市场的整体营销策划，形成新的产业链，促使企业的运转、管理能够高效有序。

### （三）培育重点企业，塑造融合品牌

青藏高原多民族聚居区文化资源丰富，但是文化产业的发展存在龙头骨干企业少、创新创意能力弱、与旅游产业的融合度不够等问题。同样，青藏高原的旅游业发展较好，但是整体而言旅游管理和服务水平还有待提高，现代旅游业的发展需要树立品牌，以带动全域文化旅游产业的全面发展。青藏高原多民族聚居区的旅游产业与文化产业的融合还处于起步阶段，融合的途径也需要扎实有序地推进。因此要对现有的企业进行盘点，充分考虑企业的特色、能力、资金、人员及技术水平，择优发展，将最具实力的文化企业和旅游企业强强联合，建立文化旅游发展集团，打造有影响力的品牌。再以品牌企业作为示范，总结经验和教训，从而带动更多文化企业与旅游企业的融合，真正打造青藏高原文化旅游的大品牌。

同时，作为品牌企业要积极参加各种会展，提升知名度。地方政府通过开展“老字号”的认定保护工作、驰名商标评选等活动，提升品牌影响力。对于

一些知名度已经较高的企业鼓励做精、做强，为其他企业树立榜样，提供经验，从而带动其他企业的发展。

## 三、构建政府支持保障体系

政府在文化产业和旅游产业的融合中不再扮演领导者的角色，而应是引导者、协调者、服务者和监管者。“政府提供科学的管理系统、协调流畅的管理机制，是保障文化产业和旅游产业融合发展的重要条件”[219]。在旅游产业与文化产业融合发展中，政府在政策、资金的支持、制度保障、管理协调等方面发挥着重要的作用。因此，在政府方面可以通过体制健全完善、制度保障、资金政策支持等方面（见图 6-4）来有序、科学、健康地引导文化旅游产业的发展。

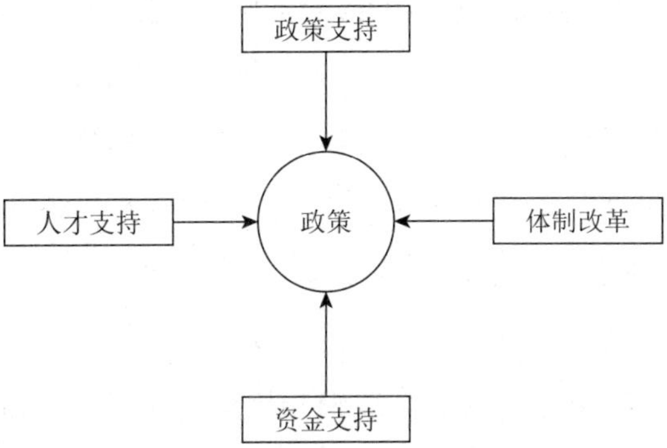


**图 6-4 政府层面的对策**

### （一）政策法规的支持

作为政府部门，从政策法规上要鼓励文化产业和旅游产业的相互结合，在文化产业的旅游开发过程中做好协调、指导、服务和监管工作，消除障碍，保障工作的有序性、合法性。对相关企业的经营不过多干预，真正敢于放权，从政策制度方面提供有力的保障。

文化产业和旅游产业融合发展的地方规划，既要符合中央精神又要切合地方实际，要与地方的整体发展要求相适应。在此形势下，青藏高原也根据自身状况和发展需求制定发展规划，将当地文化产业和旅游产业融合的目标、要求、措施写进规划中，制定相应的政策法规稳步推进两大产业的融合，为将文化旅游产业发展为国民经济支柱性产业不断努力奋进。西藏、青海两地凭借优势的地方文化资源，确立了加快发展文化产业的战略目标，并做了大量工作。西藏自 1993 年以来全区实施了“创建文化先进县”“万里边疆文化长廊建设”“少儿文化蒲公英计划”三大类文化工程。进入 21 世纪又实施了知识工程、文化信息资源共享工程、非物质文化遗产保护工程等一系列文化工程。2010 年，西藏自治区出台了《关于推动西藏文化大发展大繁荣的决定》。青海省政府在近十多年来也采取了很多积极措施，通过民族文化品牌塑造，文化旅游精品剧目生产，农牧民文化技能提高培训和文化“走出去”工程，初步形成工艺美术产业重点推进，文艺演出、艺术培训、图书音像出版等其他门类产业相协调发展的良好局面[224]。2021 年制定的《青海省“十四五”文化和旅游发展规划》，分析了当前文化事业、文化产业和旅游产业发展的基础、环境，制定了今后发展的详细的任务和相应措施。

除了宏观指导之外，地方政府还应采取一些具体的措施促进产业的融合发展，如结合实际制定相应的配套政策和举措，向财税扶持政策、土地使用政策、金融支持政策等方面适当倾斜。减少行政干预，让市场发挥更大作用。“旅游产业和文化产业的融合发展必须坚持以市场为导向的原则，充分发挥市场配置资源的基础性作用，加强旅游文化产业的发展环境建设，营造良好的产业发展投资环境和市场消费环境”[225]。

政府不直接参与或干涉企业的运营，但是要积极发挥监管的作用。运用相应的法律法规规范市场，保障企业合法经营、有序竞争、健康发展，让有实力的企业得到进一步发展的空间，淘汰经营能力差、信誉不佳的企业，形成良性竞争的机制。

政府还需要扮演好“红娘”的角色，为产业融合发展做好牵线搭桥的工作。“科学合理的文化行政管理机构是有效提高政府对整个文化行业总体规划、宏观调控、市场监管、社会管理和公共服务的重要条件”[226]。因此，可以由政府出面为不同部门、不同企业的合作搭建平台，提供便利条件，形成优势互补、互利共赢的良好合作机制。为促进各方合作顺利进行，政府有关部门可以牵头成立联席会议制度或设置专门机构负责统筹协调。

## （二）资金支持

文化产业的旅游开发一开始需要投入大量的资金，包括产品的设计、包装、宣传以及旅游基础设施建设等。政府要从长远的发展眼光出发，在资金预算方面给予倾斜，加大旅游文化产业的相关投入力度，保障两大产业融合发展，从而带来经济效益和社会效益的双丰收。

青藏高原本身由于历史与地域原因，经济发展水平明显滞后于中东部省区，政府可以投入的资金十分有限。即使如此，也要在发展规划中将文化旅游产业作为重点发展的方向，予以资金支持，同时也要争取中央更大力度的支持。此外，还可以从以下几个方面出发，利用好其他资金来源。

第一，鼓励民营企业和民间资本进入文化产业的旅游开发。政府要在各个方面大力支持民营企业进入，政府要在各个方面大力促进民间投资，降低民营企业和民间资本进入文化旅游产业的门槛，在审批、税费、土地使用、金融支持等方面予以便利和优惠，让民营企业家看到投资文化旅游产业的巨大发展潜力和可预期的各方面回报，从而愿意投资经营相关产业。

第二，引导金融对文化产业和旅游产业的融资支持。在政府的积极引导下，“金融机构应结合自身实际，在充分调查市场需求的基础上，针对不同类型、不同规模、不同发展阶段的文化旅游企业的特点，因地制宜地开发适合于文化旅游产业的信贷创新产品[227]”。同时推广一些金融机构的新产品、新业务在文化旅游产业中的应用，加快金融设施建设，畅通支付渠道，加大金融机构对文化旅游产业的支持力度。

第三，积极引进外来资金。主要是吸引青藏高原之外的大企业、大集团投资青藏高原的文化旅游产业。吸引更多的外来资金的重点是要创造良好的投资发展环境，放下地域偏见和保守思维，以开放、友好、宽容、积极的态度做好相应的保障服务工作。

第四，成立文化旅游产业发展专项基金。由地方财政拨付一定资金，鼓励和吸纳社会各方面的赞助，成立以社会资金为主的文化旅游产业发展专项基金，加大对富有特色、具有发展潜力的文化旅游项目的支持力度。

### （三）培养、引进人才

人力资源是两大产业能否实现顺利融合的关键，“人力资源的质量对于地区文化旅游产业的融合具有重要影响[219]。”文化旅游产业融合发展受当地从业人员思想观念、态度水平、素质能力等因素的影响。因此，政府一方面要敦促教育机构加大对旅游产业和文化产业相结合复合型人才的培养以及相关部门和企业自身员工的日常培训，另一方面要积极引进急需人才。

人才培养工作重点要做好以下几个方面。其一，需督促教育机构加强文化旅游相关专业的设置，培养急需人才。结合青藏高原的文化特色和市场定位，引导在旅游专业人才培养的课程开设方面要加强地方文化相关课程，如《青藏高原历史文化》《青藏高原旅游民俗文化》等课程，培养出既有深厚文化底蕴，又懂得旅游开发理论和方法的专业型人才。其二，可以将文化企业发展为实习基地，让学生在实践过程中加强对文化产业的进一步了解，增长知识、提高技能，同时也为企业发展储备人才，进行有针对性的培养。其三，还要加强对相关从业人员的日常职业培训。随着时代变迁，对人才知识更新的要求越来越高，旅游业作为一个窗口行业，对从业人员的知识储备和管理服务水平提出了更高的要求。政府一方面要督促旅游管理部门和相关企业积极进行人才队伍建设，制订培训计划，形成日常培训的机制。对从业人员的培训要不断扩展思路，像有学者提出的“定期或不定期地派送一些优秀经理人、高级导游、旅游管理人才到发达的旅游区学习和交流，吸取一些最新的旅游业管理经验和成果，提高他们的综合素质”[228]，无疑会是成效更显著的培训方式。同时也要适当提高从业人员的入行门槛，加强对现有从业人员的日常考核，对于严重违规人员采取淘汰制度。其四，还应注重对非物质文化传承人的培养工作。青藏高原上有很多非物质文化遗产，包括民间文学的口头传承、民间工艺品的手工制作、民族歌舞音乐的展示、民间曲艺戏剧的表演等。非物质文化遗产是以传承人的活动为主要载体的，非物质文化遗产的代表性传承人则是延续传统文脉的核心因素和中坚力量。因此要促进文化旅游产业的发展，必须在科学认定、合理管理的基础上，重视对非物质文化遗产项目代表人的保护和培养工作。除了从资金和政策上加大支持力度，以便于传承人收徒授业外，也要通过研修班等形式，提高传承人自身的知识水平和传承能力。

引进急需人才是更为快捷的方式。产业融合需要有融合战略观、跨行业驾驭能力的人才，对于青藏高原的文化旅游产业融合来说，这样的人才短时间内靠自己培养很难获得，因此需要下大力气引进。地方政府要创造良好的用人环境，完善用人制度，让适合的人在适合的岗位上发挥才干，得到展现自我的舞台，获得广阔的发展空间，对旅游产业与文化产业的融合发展做出应有的贡献。同时也要做好人才引进的后续工作，要提高引进人才各方面的待遇，提供更多晋升机会，让真正有能力的人愿意走进来，并且最终留下来。

人才引进还可以采取柔性方式，打破人才流动中的刚性制约因素，如地域、身份、户籍、档案等，在不改变人才与所属单位人事关系的前提下，可采用非本地户籍人才的引进方式。青海省为此专门制定出台了《青海省柔性引才引智实施办法》，启动了人才引进工程。西藏也在2015年印发了《西藏自治区高层次人才引进办法（试行）》，人才引进方式分为三种，分别是调入引进、创新创业引进和柔性引进。通过柔性引进可以在短时间内让一些高精尖人才（团队）为地方社会经济发展出谋划策，提供智力、技术、资源等方面的支持，更快发挥效用。同时借助一些对口援助平台，与对口援建的省份、单位开展人才双向交流活动，互派人员学习，组织相关培训等，既能得到一些紧缺高端人才的援助，又能较短时间内提高自有人才的业务水平和综合能力。

### （四）体制改革

由于历史原因，我国文化产业、旅游产业的管理体制一直存在一些弊端，主要体现在：政府过度干预企业的日常运行；各产业和行业出于自身利益的考虑，设置行业壁垒，对于产业融合设置了很多人为障碍；文化产业的旅游开发过程中利益分配问题往往导致合作难以达成；文化产业存在多头管理，各自为政的现象等。因此，作为政府部门要简政放权，简化或取消一些行政审批制度，推行“一站式”服务，建立集中受理、综合审批、高效运作的服务模式。政府同时要做好协调各方的工作，促进产业间的融合更加全面深入。

很多文化产业过去是事业机构，在走向市场化、与其他产业相融合方面有诸多限制，为此政府部门要加快体制改革的步伐，积极推进条件成熟的文化单位转企改制的实施。不过多干涉企业的内部管理，给予文化产业更大的发展空间。对于一些国有制的文化企业则推进其改革的步伐，加快国有企业的股份制改造，鼓励以资本为纽带进行联合、重组，形成跨地区、跨行业、跨所有制形式的国有企业集团。深化国有企业内部劳动、人事和收入分配一系列制度改革，创建富有活力的现代经营和管理方式，研究和制定国有资产监管办法，确保国有资产的保值、增值。

## 四、优化完善文化旅游发展环境

文化旅游业的发展需要一个有利的外部环境。无论是硬件、软件的建设，都对旅游产业和文化产业的融合发展起到重要作用。因此，可以通过优化文化旅游发展环境、加大文化旅游基础设施的建设、提高公共服务与管理水平、提高社区参与水平等措施，保障旅游产业与文化产业的顺利融合（见图 6-5）。

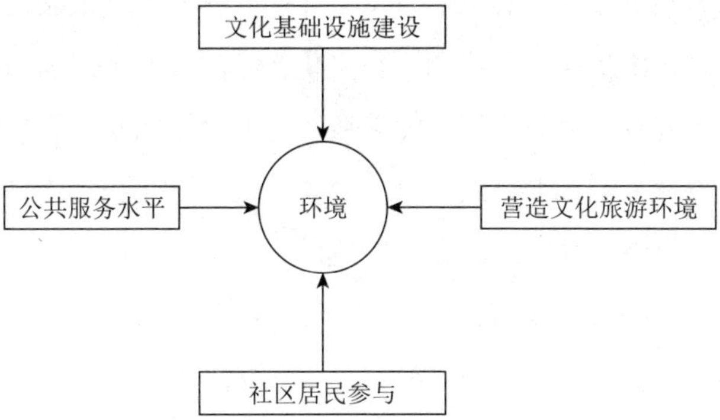


**图 6-5　环境层面的对策**

## （一）完善文化旅游基础设施建设

文化旅游资源吸引游客的到访，基础设施则决定了游客的停留时间。在全域旅游理念的推动下，建设好基础设施，不仅为游客带来良好的旅游体验，延长他们在旅游目的地的停留时间，而且可提升整个区域的人居环境，便利当地民众的生活，是一项造福地方的民生工程。优良的旅游设施同时也能让游客对目的地形成一个较好的口碑，从而起到进一步宣传的作用。

文化旅游基础设施主要涉及交通、住宿、购物场所、景区建设及其他一些辅助设施。随着中国"西部大开发"和"一带一路"建设的展开，青藏高原的基础设施建设得到了突飞猛进的发展，尤其在交通住宿方面的建设成效显著。以青海为例，公路方面截至 2015 年年底，全省公路里程数达 7.56 万公里，目前与周边四省区出口通道达 43 条，省内干支相连的旅游公路网络逐步形成。航空方面现投入使用的机场有西宁曹家堡机场、格尔木机场、玉树巴塘机场、德令哈机场、花土沟机场、玛沁机场、祁连机场；在建中的机场有青海湖机场。航空业的迅速发展方便了远途游客的进出。铁路方面，青藏铁路格尔木至拉萨段于 2006 年 7 月开通。横跨甘肃、青海、新疆三个省区的兰新高铁自2014年年底开始运营。2017年开通运营的宝兰高铁及同年开工建设的西宁至成都高铁都为旅游业的发展助力不少。在建立畅通的交通网的同时，还要充分发挥交通优势在旅游业中的应用，在文化产品的设计中根据路线状况和产品特点可以组合出省时省力的最佳旅游路线。交通设施的建设也包括旅游景区内的道路交通，要做好其清洁、绿化工作，醒目位置应设置游客自助查询系统，一些路段安放指示牌，便于游客顺利完成游览活动。

住宿方面，青海省星级宾馆由1995年的8家增加到2021年的260家，其中五星级酒店2家，四星级酒店54家，三星级酒店154家。大量的民宿、民宅、社会宾馆在一定程度上减缓了旅游旺季带来的住宿压力等问题。当然青藏高原上住宿的硬件设施和服务水平还需不断提高，青海省银龙酒店在2017年被取消五星级资格，是对当地酒店业的一个警示。

青藏高原拥有一流的旅游资源，但是旅游景区建设方面尚需进一步加强。A级旅游景区是国家旅游局制定的中华人民共和国旅游景区的质量等级划分的景区级别，从高到低分为五级，分别为5A、4A、3A、2A、A级旅游景区，其中5A级为中国旅游景区最高级别。A级旅游景区的多少以及级别的高低可以作为衡量一地旅游景区建设的参考标准。截至2023年，青藏高原上的5A级旅游景区共有9个，分别是西藏布达拉宫、林芝市雅鲁藏布大峡谷旅游景区、大昭寺、巴松措景区、扎什伦布寺景区，青海的青海湖景区、塔尔寺景区、互助土族故土园旅游区和阿咪东索景区。这与青藏高原上的旅游资源的数量和质量是不相称的，为此两地加强了对旅游景区的治理和建设，着力推动一些有影响力的景区积极申报5A级旅游景区，包括青海的金银滩——原子城景区、西宁市博物馆群、茶卡盐湖景区、西藏的芒康古盐田等。在进行旅游景区建设的过程中，完善旅游景区设施和服务，让游客在整个游览的过程中感到便捷舒适，从而流连忘返。

购物设施方面，鼓励文化企业在旅游景区开设特色旅游产品专营店，在旅游景区附近或旅游集散地发展特色文化旅游产品商业街和地方饮食文化一条街，形成具有鲜明地方特色和富有文化内涵的旅游购物街区。

此外，不应忽视对一些辅助设施的建设，譬如游客服务中心、道路休息点、公共卫生间等。这些设施虽然规模不大，但对于游客的旅游体验影响却十分明显。青海省自2015年起实行“公厕革命”，当年就投入资金6540万元用于旅游公厕建设，新建和改建厕所630座。2017年以来又安排了3820万元资金新建、改建了377所厕所。一方面加大了资金投入，另一方面省政府与各市州签订目标责任书，明确厕所建设的数量、时间及管理要求，在星级农家乐和A级旅游景区的评比中提高旅游厕所的分值比重，不定期进行检查、评比。同样，西藏自治区对厕所革命也是相当重视。至今，西藏大手笔投资12亿元在旅游景区内、主要公路沿线及游客和本地居民密集地建设了2000多座公共厕所。

### （二）提高公共服务与管理水平

发展文化旅游产业，随着流动人口数量的不断增加，对于当地的公共服务与管理水平势必提出更高的要求，如医疗卫生水平、社会安全治理、园林绿化程度、环境保护措施、供水供电保障、邮政电信服务等。完善的基础设施和高效的管理水平无论是对于投资环境的营造，还是旅游形象的塑造都会有直接的影响。提供优质的公共服务是政府的职责所在，“在旅游业融合发展过程中，旅游行政管理部门要不断完善公共信息服务体系、旅游安全保障体系、交通便捷服务体系和惠民便民服务体系等，形成‘大旅游’的公共服务格局[229]。”公共服务和管理的水平高低一方面体现在公共服务设施的建设，如医院、学校等机构的数量和设施完善程度，通信设施的覆盖和信号强弱的状况，城市绿化面积的大小和娱乐设施的建设，这些都是一个地方提供良好公共服务的基础。另一方面体现在提供的各类服务是否及时、便利，能否保障群众的需求并使之满意。对于市场价格的监管，对不正当竞争、价格欺诈及强行消费等行为监管机构能否坚决予以打击，维护市场秩序；公安消防等部门是否有效保障人民的生命和财产安全，对于一些社会突发事件和自然灾害能不能及时准确地做出应急反应，避免灾害的发生或者将灾害的损失降到最低，等等。总而言之，要满足人们日常生存、生活和发展的各种需求。

### （三）营造文化旅游大环境

文化环境既包括吸引游客的文化氛围，也包括推动文化产业和旅游产业融合的文化氛围。文化氛围对一个旅游目的地来说至关重要，游客体验到的文化氛围直接决定着对旅游目的地的整体评价，而推动文化产业和旅游产业融合的文化氛围则直接影响两个产业融合的方式、深度及成效。

要营造文化旅游的大环境，一方面要注重地区的文化建设，加大教育、文体等方面的投入，提升居民的整体文化品位，发掘旅游产品的文化内涵，用高质量的文化旅游产品和服务吸引游客。另一方面，要营造文化、旅游两个产业融合发展的包容性、开放性的大环境，保障企业间的合理有序竞争。通过建立和完善知识产权制度、文物保护制度、环境监测制度等，为文化旅游产业的发展保驾护航。

### （四）引导社区居民参与文化旅游活动

文化旅游业的发展直接影响着当地居民的生活，积极的影响是可以增加当地居民的就业岗位、增加经济收入，通过基础设施建设改善了居住环境，通过与外来者的接触接受更多信息，改变固有的观念，从而有利于当地社会经济的发展；消极的影响则是日渐频繁的旅游活动可能对居民的生产生活方式产生直接或间接的影响。例如，外来者的大量涌入会对传统文化产生冲击，人流的增加也会扰乱当地居民的日常生活，带来很多实际的不便，还有对当地生态环境带来的种种压力等。同样，社区居民对于文化旅游活动的态度、参与状况也直接影响着文化旅游活动能否可持续发展。社区居民是文化旅游活动开展的保障，没有当地居民参与到文化旅游活动的管理、服务、宣传等一系列活动中，文化旅游活动根本无法进行。居民的日常生活本身就是文化旅游活动的一部分，一些技艺展示、节庆活动的组织参与等都离不开当地居民。那么如何才能调动社区居民参与文化旅游活动的积极性呢？重点需做好以下几项工作。

第一，文化旅游活动真正让社区居民受益。文化旅游活动的内容很多就是居民的日常生活或者他们擅长的技艺，鼓励居民直接或间接参与到文化旅游活动中，一方面得到一个自我展示的舞台，丰富自身文化生活，增强对自有文化的自信心和自豪感；另一方面，也在参与过程中得到经济收入，提高居民的经济生活水平。各地在打造文化旅游产品时多是如此，如广西阳朔的“印象刘三姐”，整个节目表演都是当地居民参与，表演质朴亲切，很有感染力。

第二，政府、企业及居民协力做好文化保护工作。文化遗产在发展旅游的过程中能否尽可能保持原汁原味，不出于商业目的而使之变味，是文化旅游业是否能持续发展的前提。“文化遗产保护和旅游业是相辅相成、相互促进的两项事业。真实、完整、永久地留存不同时期、不同品类、不同地区丰富的文化遗产，是旅游业兴旺发达的基础和保障，是文明延续的依托，更是全人类社会可持续发展的长远需要和根本利益所在[230]。”旅游的开展是否会损害传统文化，则是影响居民是否支持和参与文化旅游活动的一个十分重要的因素。不可否认，旅游业的发展会对地方文化产生冲击，以致有些地方有些人甚至会谈“旅”色变。但是发展旅游和文化保护并非水火不相容，只要切实有效地做好文化保护工作，可以让更多的人享用当地的“文化大餐”，增强产业竞争力，提高地方文化软实力。这就要求管理部门、经营部门及当地居民共同做好文化保护工作。首先，作为政府管理部门要出台适当的法律法规切实保护当地文化资源，使得文化保护工作有法可依，得到制度上的保障。其次，企业作为经营者则要在文化旅游产品的策划、开发过程中优先考虑文化的保护和传承问题，不断探寻文化旅游开发的新途径、新形式。譬如建设民族风情旅游度假村或者民族文化主题公园集中展示青藏高原的民族文化就是一个不错的选择。当然在建设前和建设过程中要邀请相关专家学者不断论证，哪些民族文化可以开发，怎样开发，都应深思熟虑、审慎抉择，不可出于经济利益盲目开发，一哄而上，以免造成无法弥补的损失。最后，文化保护工作的落实需要依靠当地居民的切实行动。一方面要加强对居民的教育和宣传。通过加大对教育、文体设施的投入，让居民们有机会、有条件更多习得本土文化知识，不断得到当地文化的熏陶；另一方面可以通过广播电视、报纸杂志、通信网络、街头宣传栏以及发放宣传材料等多种形式，宣传本土文化的内容和价值所在，从而强化居民对持有文化价值的进一步重视，增强自身的文化保护意识和文化自豪感。

在这样一个交通更加便利、信息越加发达的时代，任何一个地区、任何一种文化都无法不与外界产生碰撞。从文化发展的历史来看，文化的繁荣和发展，都是一个不断吸收外来文化以壮大自身的结果。青藏高原上的藏传佛教文化就是一个典型代表。文化在一个开放包容的环境中与旅游相结合，不但获得了使其持续发展的更多资金支持，而且能够让文化的魅力滋养更多的人群，使文化本身得以发扬光大。旅游产业与文化产业的相互融合，必将带来文化和旅游事业的共同繁荣，为更多人带来福祉。

## 五、本章小结

本章主要在前面各章分析、论述的基础上，结合青藏高原多民族聚居区旅游产业与文化产业融合发展的实际情况，提出了优化青藏高原多民族聚居区旅游产业与文化产业融合的对策和建议，以期为政府和企业推进产业融合提供借鉴与参考。

本章主要包括以下几个方面。

（1）引导游客文化旅游需求方面：调查了解文化旅游消费需求，提高大众对文化旅游产品的接受程度；开发游客喜欢的文化旅游产品；引导游客体验文化旅游产品。

（2）企业方面：强化融合理念，深化企业合作；提高企业能力，优化企业战略；培育重点企业，塑造融合品牌。

（3）政府方面：政策法规的支持；资金支持；培养、引进人才；管理体制机制的改革。

（4）文化旅游发展环境方面：加大文化旅游基础设施的建设；提高公共服务与管理水平；创造文化旅游大环境；引导社区居民参与文化旅游活动。

# 第七章 结论与展望

## 一、研究结论

本书在旅游学、经济学、社会学、管理学等相关学科理论指导下，分析了青藏高原多民族聚居区旅游产业与文化产业融合的现状、存在的问题、融合的有利条件和不利因素，通过实地访谈收集大量数据和资料，研究得出青藏高原多民族聚居区旅游产业与文化产业融合的途径。在此基础上，对两者融合的效应问题进行了深入分析和研究，从而提出青藏高原多民族聚居区旅游产业与文化产业融合的对策和建议。

本书采取了定性与定量相结合，理论分析与实证研究相结合的研究方法，得出以下主要研究结论。

（1）分析了青藏高原多民族聚居区旅游产业与文化产业融合的途径，途径包括路径和模式两方面，青藏高原多民族聚居区旅游产业与文化产业现有融合路径是资源融合和产品融合，未来融合路径有企业融合、市场融合、空间融合、管理融合和资本融合；现有融合模式是延伸型融合和重组型融合，未来融合模式有渗透型融合。

（2）定量化研究了青藏高原多民族聚居区旅游产业与文化产业的融合度。

（3）分析得出青藏高原多民族聚居区旅游产业与文化产业融合的效应。即创新能力、区域一体化、竞争力、消费、产业升级五大效应。

## 二、创新之处

论文主要创新点表现在以下两个方面。

（1）针对青藏高原多民族聚居区旅游产业与文化产业融合发展实际情况，提出了青藏高原多民族聚居区旅游产业与文化产业融合的未来路径和模式。

（2）创新性地在青藏高原多民族聚居区旅游产业与文化产业融合的研究中引入定量研究方法。

## 三、不足与展望

本书针对青藏高原多民族聚居区旅游产业与文化产业融合途径及效应进行了研究，取得了一定的成果。但是，由于时间、资料和数据等研究条件的限制及笔者研究能力的有限，还存在一些不足之处，有待在今后的研究中通过长期的努力来弥补和完善。主要包括。

（1）在分析青藏高原多民族聚居区旅游产业与文化产业融合度时，以往采用的模型较多，而笔者采用的贡献度测量评价模型能否真正测算出两者的融合度也存在一些问题。鉴于上述的研究缺陷，在今后的研究中应该不断地修正和完善模型的设计和运用。

（2）从研究设计角度讲，本书只是从青藏高原多民族聚居区产业融合的初期阶段来分析和验证青藏高原多民族聚居区旅游产业与文化产业融合的效应，并没有继续做发展阶段、成熟阶段等方面的研究。初级阶段旅游产业与文化产业融合效应状况是否会持续稳定，而且不同阶段是否效应的状况有所改变，还需要做进一步的研究。因此，从不同阶段、历时性地进行长期观察研究和动态分析是必要的。

（3）在调研范围上，由于时间有限，只选择了青海和西藏两地的旅游产业和文化产业的融合发展来研究，虽然具有一定的代表性，但是如果能够在更大的具有典型性代表的范围内获得相关资料和调查结果，必定更具有说服力。因此，在今后的研究中，还需要进一步收集青藏高原多民族聚居区旅游产业与文化产业融合发展的案例地及增加调研样本总量，在扩大地区范围的基础上进行实地调研和分析研究，从而使结论更具有现实指导意义。

# 参考文献


［1］李树民．旅游产业融合与旅游产业协整发展［J］．旅游学刊，2011，26（6）：5-6.

［2］孙喜林，荣晓华．旅游心理学［M］．大连：东北财经大学出版社，1999.

［3］孙根年，王洁洁．产业融合需因地制宜［J］．旅游学刊，2011，26（5）：8.

［4］杨治．产业经济学导论［M］．北京：中国人民大学出版社，1985.

［5］芮明杰．产业经济学［M］．上海：上海财经大学出版社，2005.

［6］王述英，白雪洁，杜传中．产业经济学导论［M］．北京：经济科学出版社，2006.

［7］Edward B.Tylor.Primitive Culture［M］.London：J Murray，1871：1.

［8］邓安球．论文化产业概念与分类［J］．湘潭大学学报：哲学社会科学版，2008，32（5）：144-147.

［9］国际统计信息中心课题组．国外关于文化产业统计的界定，中国统计，2004（1）：52-54.

［10］文化及相关产业分类．国家统计局，国统字 72004 招 4 号．

［11］谢彦君．旅游的本质及其认识方法［J］．旅游学刊，2010（1）：26-31.

［12］马耀峰，白凯．基于人学和系统论的旅游本质的探讨［J］．旅游科学，2007，21（3）：27-31.

［13］张凌云．国际上流行的旅游定义和概念综述—兼对旅游本质的再认识［J］．旅游学刊，2008，23（1）：86-91.

［14］Gaines Brian R.The learning Curves：Underlying Convergence［J］．Technological Forecasting and Social Change，1998，57：7-14.

［15］马波．转型：中国旅游产业发展的趋势与选择［J］．旅游学刊，1999（6）：34-38+73.

［16］张辉．转型时期中国旅游产业环境、制度与模式研究［M］．北京：旅游教育出版社，2005.

［17］Rosenberg N.Technological change in the machine tool industry：1840-1910［J］．T he Journal of Economic History，1963，23：414-446.

［18］Greenstein S & Khanna T.What does industry convergence mean?［A］．In：Yoffie，（ed.）：Competing in the age of digital convergence［C］.Boston，1997：201-226.

［19］Gaines Brian R.The learning Curves：Underlying Convergence［J］．Technological Forecasting and Social Change，1998，57：7-14.

［20］Stieglitz N.Industry dynamics and types of market convergence［R］．Paper to be Presented at the DRUID Summer Conference on "Industrial Dynamics of the New and Old Economy—who is embracing whom?"，2003.

［21］Lind.Assessing the role of design in local and regional economies［J］．International journal of Cultural Policy，2003，1：118-122.

［22］Green Paper.The Convergence of Telecommunications，Media and Information Technology Sectors，and the Implications for Regulation Towards and Information Society Approach［M］．Brussels：European Commission，1997.

［23］植草益．信息通讯业的产业融合［J］．中国工业经济，2001（2）：24-27.

［24］周振华．信息化进程中的产业融合研究［J］．经济学动态，2002（6）：58-62.

［25］马健．产业融合理论研究评述［J］．经济学动态，2002（5）：78-81.

［26］厉无畏，王慧敏．产业发展的趋势研判与理性思考［J］．中国工业经济，2002（4）：5-11.

［27］胡永佳．产业融合的经济学分析［M］．北京：中国经济出版社，2008：35-41.

［28］青木昌彦，安藤晴彦．模块化时代—新产业结构的本质［M］．上海：上海远东出版社，2003.

［29］Fransman M convergence.the Internet and Multimedia：Implications for the Evolution of Industries and Technology［A］.in E bohlin，K Brodin，A Lundgren & B Thorngren（Eds）：Convergence in Communications and Beyond［C］.Amsterdam：North Holland，2000：35.

［30］European Commission（1997），Green paper on the convergence of the Telecommunications，Media and Information Technology Sectors，and the implications For regulation towards information society Approach，Brtissels：European commission.

［31］阿尔文·托夫勒．未来的冲击［M］．蔡中章，译．北京：中信出版社，2006.

［32］派恩 & 吉尔摩．体验经济［M］．夏良业，鲁炜等，译．北京：机械工业出版社，2002.

［33］贝塔朗菲．一般系统论：基础、发展和应用［M］．林康义等，译．北京：清华大学出版社，1987.

［34］钱学森．论系统工程［M］．长沙：湖南科学技术出版社，1982.

［35］魏宏森，曾国屏．系统论［M］．北京：清华大学出版社，1995.

［36］Jafari J.Research and Scholarship：The Basis of Tourism Education［J］. Journal of Tourism Studies，1990，1：33-41.

［37］约瑟夫·熊彼特．经济发展理论［M］．北京：商务印书馆，1990.

［38］Ayesha Malhotra.Anik k Oupta.An investigation of firms' strategic responses to industry Convergence［R］. Academy of Management Proceedings，2001.

［39］Greenstein S & Khanna T.What does industry convergence mean?［A］. In：Yoffie，（ed.）：Competing in the age of digital convergence［C］.Boston，1997：201-226.

［40］Pennings &Puranam.A Bird in the Hand or Two in the Bush?Integration Trade offs in Technology-grafting Acquisitions［J］. European Management Journal，2003，2：179-184.

［41］Greenstein&Tarun.Production and consumption of European cultural tourism［J］.Annals of Tourism Research，1997，23：261-283.

［42］Alfonso Gambardella，Salvatore Torrisi.Does techonological convergance imply convergence in markets?Evidence from the electronics industry"［J］.tesearch policy，1998：445-463.

［43］DavidJ，Collis，PWilliam Bane，Stephen P Bradley.Winners and losers：industrystructure in the converging World of telecommunications. computing，and entertainment［J］.in：David B.1997.

［44］Lei.Protein flexibility and dynamics using constraint theory［J］.Journal of Molecular Graphics and Modeling，2000，1：60-69.

［45］Yoffie D B.Competing in the Age of Digital Covergence［M］.New York：The President and Fellow of Harvard Press，1997.

［46］Gillwald.Good intentions poor outcomes：Telecommunications reform in south Africa［J］.Telecommunications Policy，2003，7：469-491.

［47］Broring &Stefanie. Anticipating converging industries using publicly available data［J］. Technological Forecasting and Social Change，2010，3：385-391.

［48］余东华．产业融合与产业组织结构优化［J］．天津社会科学，2005（3）：72-76.

［49］胡金星．产业融合的内在机制研究：基于自组织理论的视角［D］．复旦大学，2007.

［50］李美云．论旅游景点业和动漫业的产业融合与互动发展［J］．旅游学刊，2008（1）：56-62.

［51］张磊．产业融合与互联网管制［M］．上海：上海财经大学出版社，2001.

［52］马健．信息产业融合与产业结构升级［J］. 产业经济研究，2003（2）：37-42.

［53］胡汉辉，刑华．产业融合理论以及对我国发展信息产业的启示［J］．中国工业经济，2003（2）：23-29.

［54］于刃刚，李玉红，麻卫红．产业融合论［M］．北京：人民出版社，2006.

［55］芮明杰，屈路，胡金星．企业追求内部协同向外部协同转变的动因分析［J］．上海管理科学，2005（3）：5-7.

［56］胡永佳．从分工角度看产业融合的实质［J］．理论前沿，2007（8）：30-31.

［57］陈柳钦．产业融合的发展动因、演进方式及其效应分析［J］．西华大学学报（哲学社科学版），2007（4）：69-73.

［58］何立胜，李世新．产业融合与产业变革［J］．中州学刊，2004（6）：

59-62.

[ 59 ] 周振华 . 信息化与产业融合 [ M ] . 上海：上海人民出版社，2003.

[ 60 ] 陈柳钦 . 产业融合的动因及其效应分析 [ J ] . 西南金融，2007 ( 4 )：10-11.

[ 61 ] Chang T C，Milne S，Fallon D，et al. Urban heritage tourism：The global-local nexus [ J ] .Annals of Tourism Research，1996，23：284-305.

[ 62 ] Brian G，Alan F.Managing heritage tourism [ J ] .Annals of Tourism Research，2000，27：682 -708.

[ 63 ] Apostolakis A.The convergence process in heritage tourism [ J ] .Annals of Tourism Research，2003，30：795-812.

[ 64 ] Ballesteros E R，Ramirez M H. Identity and community-Reflections on the development of mining heritage tourism in Southern Spain [ J ] .Tourism Management，2007，28：677-687.

[ 65 ] Miguel Vidal Gonzalez.Intangible heritage tourism and identity [ J ] . Tourism Management，2008，29：807-810.

[ 66 ] David B. Weaver.Contemporary tourism heritage as heritage tourism：Evidence from Las Vegas and Gold Coast [ J ] .Annals of Tourism Research，2011，38：249-267.

[ 67 ] Yi Wang，Bill Bramwell.Heritage protection and tourism development priorities in Hangzhou，China：A political economy and governance perspective [ J ] .Tourism Management，2012，33：988-998.

[ 68 ] Egon Smeral.The impact of globalization on small and medium enterprises：new challenges for tourism policies in European countries [ J ] . Tourism Management，1998，19：371-380.

[ 69 ] Blackman C R.Convergence between telecommunications and other media：How should regulation adapt? [ J ] .Telcommunications Policy，1998，22：

163-170.

［70］Mitchell.Development of decision support systems for bioenergy applications［J］.Biomass and Bioenergy，2000，18：265-278.

［71］Heesvelde.ICT platforms and regulatory concerns in Europe［J］. Telecommunications Policy，2000，35：702-714.

［72］Robert Maitland.How can we manage the tourist-historic city? Tourism strategy in Cambridge，UK，1978-2003［J］.Tourism Management，2006，27：1262-1273.

［73］Tommy D Andersson，Donald Getz.Tourism as a mixed industry：Differences between private，public and not-for-profit festivals［J］.Tourism Management，2009，30：847-856.

［74］Greg Richards Julie Wilson.Developing creativity in tourist experiences：A solution to the serial reproduction of culture［J］.Tourism Management，2006，27：1209-1223.

［75］J.A. Cousins.The role of UK-based conservation tourism operators［J］. Tourism Management，2007，28：1020-1030.

［76］Adam Weaver.Tourism and the military：Pleasure and the War Economy［J］. Annals of Tourism Research，2011，38：672-689.

［77］Joanne Connell.Film tourism-Evolution，progress and prospects［J］. Tourism Management，2012，33：1007-1029.

［78］Gunjan Saxena，Brian Ilbery.Developing integrated rural tourism：Actor practices in the English/Welsh border［J］.Journal of Rural studies，2010，26：210-217.

［79］Estabrooks.Appropriateness of recommendations for management of temporomandibular joint implants［J］.Journal of Oral and Maxillofacial Surgery，1994，52：656-663.

［80］Hagel III.The integration problems of Travel website［J］.Annals of Tourism Research，1996，14：43–53.

［81］Dimitrios B.Strategic use of information technologies in the tourism industry［J］.Tourism Management，1997，19：409–421.

［82］Dimitrios B.The use of information technologies in the tourism industry［J］.Annals of Tourism Research，1998，4：103–110.

［83］Kaluza B，Blecker T，Bischof C.Implications of digital convergence on strategic mamagement［A］.In：The current state of economic science［C］. Rohtak：Spellbound Publications，1999：2223–2249.

［84］Broring，Stefanie. Innovation strategies in converging industries：a resource–based perspective［R］.Research Paper，University of Muenster，Institute of Business Administration，2003.

［85］Chen H M，Tseng C H.The performance of marketing alliances between the tourism industry and credit card issuing banks in Taiwan［J］.Tourism Management，2005，26：15–24.

［86］Tang C H，Jang S C. The tourism–economy causality in the United States：A sub–industry level examination［J］.Tourism Management，2009，30：553–558.

［87］Dimitrios Buhalis，Rob Law.Progress in information technology and tourism management：20 years on and 10 years after the Internet–The state of Tourism research［J］.Tourism Management，2008，29：609–623.

［88］Arja Lemmetyinen，Frank M. Go.The key capabilities required for managing tourism business networks［J］.Tourism Management，2009，30：31–40.

［89］Cesar Camison，Vicente M.Monfort–Mir.Measuring innovation in tourism from the Schumpeterian and the dynamic–capabilities perspectives［J］.

Tourism Management, 2012, 33: 776-789.

[ 90 ] Reisinger Y.Tourist-Host contact as apart of cultural Tourism [ J ] . World Leisure and Recreation, 1994, 36: 24-28.

[ 91 ] Ted Silberberg.Cultural tourism and business opportunities for museums and heritage sites [ J ] .Tourism Management, 1995, 16: 361-365.

[ 92 ] Greg Richards.Production and consumption of European cultural tourism [ J ] .Annals of Tourism Research, 1996, 23: 261-283.

[ 93 ] Alf H Walle.Habits of thought and cultural tourism [ J ] .Annals of Tourism Research, 1996, 4: 874-890.

[ 94 ] Stebbins, Robert A. D.Cultural Tourism as Leisure [ J ] .Annals of Tourism Research, 1996, 23: 232-238.

[ 95 ] Yvonne Payne Daniel.Tourism dance performances authenticity and creativity [ J ] .Annals of Tourism Research, 1996, 4: 780-797.

[ 96 ] Craik J.The Culture of Tourism [ A ] .Rojek, C.& Urry, J. ( ed. ) Touring Cultures: Transformation of Travel and theory [ C ] .New York: Routledge, 1997: 12.

[ 97 ] Kaley Mason.Sound and meaning in aboriginal tourism [ J ] .Annals of Tourism Research, 2004, 31: 837-854.

[ 98 ] Yi ping Li.Applicability of the market appeal robusticity matrix: a case study of heritage tourism [ J ] .Tourism Management, 2004, 25: 789-800.

[ 99 ] Susan R Pitchford.Ethnic tourism and nationalism in Wales [ J ] .Annals of Tourism Research, 1995, 22: 35-52.

[ 100 ] Dallen J Timothy.Geoffre Wall.Selling to tourists Indonesian street vendors [ J ] .Annals of Tourism Research, 1997, 24: 322-340.

[ 101 ] Peggy Ted, Brenda S A Yeoh. Remaking local heritage for tourism [ J ] .Annals of Tourism Research, 1997, 1: 192-213.

[102] J Cave，C Ryan，C Panakera.Residents.perceptions，migrant group sand cultures as an attraction-the case of a proposed Pacific Island cultural center in New Zealand [J] .Tourism Management，2003，24：371-385.

[103] Bob Mckercher，Pamela S Y Ho，Hilary du Cros. Attributes of popular cultural attractions in Hong Kong [J] .Annals of Tourism Research，2004，31：393-407.

[104] Howard Hughes，Danielle Allen.cultural tourism in central and Eastern Europe：The views of induced image formation agents [J] .Tourism Management，2005，26：173-183.

[105] Cohen，E.Authenticity and commoditization in tourism [J] .Annals of Tourism Research，1988，15：371-385.

[106] Ted Silberberg.Cultural tourism and business opportunities for museums and heritage sites [J] .Tourism Management，1995，16：361-365.

[107] D T Herbert.Artistic and literary places in France astourist attractions [J] . Tourism Management，1996，17：77-85.

[108] Myriam Jansen-Verbeke，Johan van Rekom.Scanning museum visitors urban tourism marketing [J] .Annals of Tourism Research，1996，2：364-375.

[109] Gianna Moscardo，Philip L Pearce.Understanding ethnic tourists [J] . Annals of Tourism Research，1999，2：416-434.

[110] Steve Charters，Jane Al-i Knight.Who is the wine tourist [J] . Tourism Management，2002，23：311-319.

[111] Wiendu Nuryanti.Heritage and postmodern tourism [J] .Annals of Tourism Research，1996，2：249-260.

[112] Steven Tufts，Simon Milne.Museums：A supply-Side perspective [J] .Annals of Tourism Research，1999，3：613-631.

[113] Antonia Besculides，Martha ELee and Peter JMcCormick. Residents

perceptions of the cultural benefits of tourism［J］.Annals of Tourism Research，2002，2：303–319.

［114］Hughes.Art，entertainmentandtourism［M］.London：Butterworth-Heineman，2002.

［115］Rodrigo de Azeredo Grunewald.Tourism and Cultural revival［J］.Annals of Tourism，2002，29：1004–1021.

［116］Antonio Paolo Russo.The “vicious circle” of tourism development in heritage cities［J］.Annals of Tourism Research，2002，1：165–182.

［117］Kennedy I Ondimu.Cultural tourism in Kenya［J］.Annals of Tourism Research，2002，4：1036–1047.

［118］Jonathan Wager.Developing a strategy for the Angkor world heritage site［J］.Tourism Management，1995，16：515–523.

［119］Michael S Simons.Aboriginal heritage art and moral rights［J］.Annals of Tourism Research，2000，27：412–431.

［120］Laurie Kroshus Medina.Commoditizing culture tourism and Mayaidentity［J］.Annals of Tourism Research，2003，30：353–368.

［121］Deepak Chhabra.Staged Authenticity and Heritage Tourism［J］.Annals of Tourism Research，2003，3：702–719.

［122］LuceroMorales Cano. Avis Mysyk.Cultural tourism，the state，and day of the dead［J］.Annals of Tourism Research，2004，4：879–898.

［123］Bob McKercher，Pamela S Y Ho，Hilary du Cros.Attributes of popular cultural attractions in Hong Kong［J］.Annals of Tourism Research，2004，31：393–407.

［124］Kreesuda Tientong，Sompon Malangpoo，Charoon Ratanakal.A study of riligious beliefs and behavior as contribution to cultural tourism：the islamic world of Patong and Pratuchai communities Phranakhon si ayutthaya province［J］.

Journal of the National Research Council of Thailand Natural science，2008，40：69-81.

［125］Lumyong Plangklang，Wanthana Nowvan.A study of cornmunity potential and Participation in cultural tourism promotion and development：case study of Thai-muslim comrnunities in phranakhon si ayutthaya［J］.Journal of the National Research Council of Thailand Social science，2008，2：41-52.

［126］Vesna Zabkar，Tomaz Kolar.A consumer-based model of authenticity：An oxymoron or the foundation of cultural heritage marketing?［J］.Tourism management，2010，31：652.

［127］Alan Clarke.Cultural Tourism and Sustainable Local Development L.F.Girard，P.Nijkamp（Eds.）［J］.Tourism management，2010，5：695.

［128］David A. Cahir，Ian D.Clark.An edifying spectacle A history of tourist corroborees in Victoria，Australia［J］.Tourism management，2010，3：412-416.

［129］R.W.Butler.The Concept of a Tourist Area Cycle of Evolution：Implications for Management of Resources［J］.Canadian Geographer，1980，24：5-12.

［130］Hughes，Allen，wasik.Thermal responses in some Eastern Cape African cicadas（Hemiptera：Cicadidae）［J］.Journal of Thermal Biology，2003，4：347-351.

［131］Mair.the impact in Tourism［J］.Tourism Management，2005，19：103-107.

［132］Agarwal.The impact of the 2001 financial crisis and the economic policy responses on the Argentine mortgage market［J］.Journal of Housing Economics，2005，14：242-270.

［133］Doug Ramsey.Archaeology heritage sites and tourism development in

Belize，Central America［J］.Tourism management，2008，29：909-916.

［134］Minkyung Park，Patricia A Stokowsk.Social disruption theory and crime in rural communities：Comparisons across three levels of tourism growth［J］.Tourism Management，2009，30：905-915.

［135］Joseph E Mbaiwa.Changes on traditional livelihood activities and lifestyles caused by tourism development in the Okavango Delta Botswana［J］. Tourism Management，2011，32：1050-1060.

［136］颜林柯．旅游产业融合的几个问题［J］．旅游科学，2005，12（6）：17-23.

［137］王慧敏．旅游产业的新发展观：5C 模式［J］．中国工业经济，2007（6）：13-20.

［138］徐虹，范清．我国旅游产业融合的障碍因素及其竞争力提升策略研究［J］．旅游科学，2008，4：1-5.

［139］陆晓清．论网络游戏业与旅游业的产业融合［J］．重庆邮电大学学报（社会科学版），2009，21（1）：42-45.

［140］朱华，游佳，张炬．成都会展旅游产业融合：评价与探讨［J］．国际经济合作，2010（1）：89-92.

［141］程锦，陆林，朱付彪．旅游产业融合研究进展及启示［J］．旅游学刊，2011，26（4）：13-19.

［142］周旭霞．杭州动漫产业融合的基础与动力［J］．华东经济管理，2006（1）：69-72.

［143］杨颖．产业融合：旅游业发展趋势的新视角［J］．旅游科学，2008，22（4）：6-10.

［144］王颖．上海世博会对长三角地区现代服务业集群的影响研究［J］．上海经济研究，2008（5）：39-43.

［145］杨振之．城乡统筹下农业产业与乡村旅游的融合发展［J］．旅游学

刊 2011，26（10）：10-11.

［146］杨彦锋 . 互联网技术成为旅游产业融合与新业态的主要驱动因素［J］. 旅游学刊，2012，27（9）：7-8.

［147］李太光，张文建 . 新时期上海推动旅游业转型升级的若干思考［J］. 北京第二外国语学院学报，2009，31（3）：44-49.

［148］麻学锋，张世兵，龙茂兴 . 旅游产业融合路径分析［J］. 经济地理，2010，30（4）：678-681.

［149］丁雨莲，马大全 . 旅游业与现代农业融合路径实证研究—以芜湖大浦乡村世界为例［J］. 中国农学通报，2012，28（14）：157-163.

［150］石培华 . 旅游业与其他产业融合发展的路径与重点［J］. 旅游学刊，2011，26（5）：9-10.

［151］王朝辉 . 产业融合拓展旅游发展空间的路径与策略［J］. 旅游学刊，2011，26（6）：6-7.

［152］何建民 . 我国旅游产业融合发展的形式、动因、路径、障碍及机制［J］. 旅游学刊 2011，26（4）：8-9.

［153］高陵江，夏长杰 . 中国旅游产业融合动力机制、路径及政策选择［J］. 首都经济贸易大学学报，2012，14（2）：52-57.

［154］陈芸 . 我国旅游房地产开发模式研究［D］. 泉州：华侨大学，2006.

［155］陈琳 . 从产业融合的角度探讨农业旅游的发展［J］. 黑河学刊，2006（2）：27-29.

［156］江贤卿 . 我国旅游房地产的产业融合模式研究［D］. 厦门：厦门大学，2008.

［157］杨娇 . 旅游产业与文化创意产业融合发展的研究［D］. 杭州：浙江工商大学，2008.

［158］王振如，钱静 . 北京都市农业、生态旅游和文化创意产业融合模式

探析［J］. 农业经济问题，2009，30（8）：14-18.

［159］张文军 . 旅游业与创意产业的融合与发展研究［D］. 西安：西北农林科技大学，2009.

［160］李洋洋 . 我国文化创意产业与旅游业融合模式研究［D］. 北京：北京第二外国语学院，2010.

［161］卫奇琦 . 动漫产业与旅游产业市场融合形式与实证研究［J］. 黑龙江对外经贸，2011（7）：57-60.

［162］孙杰 . 赤峰市旅游产业融合背景下的农业旅游发展研究［J］. 中国商贸，2012（8）：164-165.

［163］刘俊清 . 中国旅游产业融合的实现机制与路径探析［J］. 经济论坛，2012（11）：113-115.

［164］李美云 . 论旅游景点业和动漫业的产业融合与互动发展［J］. 旅游学刊，2008（1）：56-62.

［165］杨坚 . 影视业与旅游业的互动促进效应分析［J］. 思想战线，2008，34（1）：164-166.

［166］庄清娥 . 基于产业融合视角的会展旅游分析［J］. 铜陵学院学报，2008（2）：55-56.

［167］刘志勇，王伟年 . 论创意产业与旅游产业的融合发展［J］. 企业经济，2009（8）：127-130.

［168］梁伟军，易法海 . 新农村建设中旅游农业发展的“三农”效应研究—来自全国五省（市）农户的调查分析［J］. 农村经济，2010（4）：57-60.

［169］赵云云 . 基于产业融合理论的养生旅游集群发展研究［D］. 杭州：浙江工商大学，2010.

［170］张辉，黄雪莹 . 旅游产业融合的几个基本论断［J］. 旅游学刊，2011，26（4）：5-6.

［171］李文秀，李美云，黄斌 . 文化艺术产业与旅游产业的融合：过程、

模式和效应［J］. 广东行政学院学报，2012，24（4）：73-78.

［172］张功让，陈敏姝 . 产业融合理论研究综述［J］. 中国城市经济，2011（1）：67-68.

［173］曾亚玲 . 博物馆旅游与文化创意产业的融合发展［J］. 中国商贸，2012（2）：189-191.

［174］赖启航 . 产业融合视角下廉政文化建设与旅游业融合初探［J］. 中国商贸，2012（12）：186-188.

［175］王明星 . 文化产业与旅游业发展的互动效应［J］. 学术研究，2003（12）：44-46.

［176］梁振 . 西部地区民族文化产业研究［D］. 北京：中央民族大学，2005.

［177］朱冠梅，朱本利 . 浅议城市文化旅游产业发展的根本驱动力［J］. 山东行政学院 . 山东省经济管理干部学院学报，2007（6）：72-74.

［178］刘训华，王兆峰 . 产权保护与湘西文化旅游产业发展研究［J］. 求索，2008（9）：78-80.

［179］张海燕，王忠云 . 基于技术进步的民族文化旅游创意产业发展研究［J］. 贵州民族研究，2010，31（6）：85-89.

［180］喇明英 . 川西高原民族地区文化与旅游融合发展的战略与路径探讨［J］. 西南民族大学学报（人文社会科学版），2011（8）：137-140.

［181］瞿孝军 . 张家界文化与旅游深度结合问题研究［J］. 沧桑，2011（4）：99-104.

［182］黄细嘉，周青 . 基于产业融合论的旅游与文化产业协调发展对策［J］. 企业经济，2012（9）：130-133.

［183］赵磊 . 旅游与文化产业融合发展研究［D］. 合肥：安徽大学，2012.

［184］杨卫武，朱佳 . 上海旅游与文化产业融合途径及其发展对策［J］.

中国商贸，2012（7）：205-207.

［185］石艳 . 产业融合视角下的旅游产业与文化产业互动发展研究［J］. 山东财政学院学报，2012（2）：109-114.

［186］董立安 . 推进文化与旅游产业互动融合发展的思考—以福建省福清市为例［J］. 湘潮，2011（12）：12-14.

［187］侯兵，周晓倩 . 长三角地区文化产业与旅游产业融合态势测度与评价［J］. 经济地理，2015，35（11）：211-217.

［188］卢红梅 . 我国文化产业与旅游产业融合发展分析［J］. 经济研究参考，2015（61）：75-80.

［189］李凌雁，翁钢民 . 我国旅游与文化产业融合发展水平测度及时空差异分析［J］. 地理与地理信息科学，2015，31（6）：94-99.

［190］尹华光，邱久杰，姚云贵，等 . 武陵山片区文化产业与旅游产业融合发展效益评价研究［J］. 北京联合大学学报（人文社会科学版），2016，14（1）：79-88.

［191］高燕 . 文化产业与旅游融合发展经典模式案例研究［J］. 兰州文理学院学报（社会科学版），2014（2）：23-25.

［192］尕玛多吉 . 西藏文化产业逐步成发展新支撑［N］. 光明日报，2017-02-09.

［193］西藏特色文化产业发展成果喜人，人民网，2017 年 09 月 12 日 18：22.

［194］文化因融合而更加精彩——我省“文化 +”产业融合发展综述 . 青海新闻网，2017-06-08.

［195］梁君，陈显军，杨霞 . 广西文化产业与旅游业与融合度实证研究［J］. 广西社会科学，2014（3）：28-32.

［196］卢红梅 . 我国文化产业与旅游产业融合发展分析［J］. 经济研究参考，2015（6）：75- 80.

[197] 李颖. 浅析西藏旅游业的发展 [J]. 商场现代化，2016（26）：78-79.

[198] 覃雪香，徐晓伟. 广西文化产业与旅游业融合发展研究 [J]. 广西社会科学，2012（8）：23- 27.

[199] 政务信息，拉萨市旅游产业发展情况及建议，拉萨市政府网站：www.lasa.gov.cn2018-03-30.

[200] 钟静. 拉萨市文化旅游发展研究 [D]. 中央民族大学，2014.

[201] 臧珂、王威，互助“旅游 + 文化”让旅游更有魅力，海东时报，2018-07-20.

[202]“旅游 + 文化”深度融合青海发展特色文化旅游，央广网，2018-06-0216：59.

[203] 张栋. 旅游业在西藏跨越式发展中堪当重任 [N]. 中国青年报，2015-09-10.

[204] 范周. 西藏文化产业与经济发展同步成长 [N]. 中国财经报，2016-08-18.

[205] 2018 年度藏羌彝文化产业走廊扶持项目名单出炉，中国西藏新闻网，2018-07-24 12：15.

[206] 戴斌. 全域旅游在美丽风景里，也在美好生活中. 青海省旅游产业发展大会专题讲座，2018-6-6 15：01：10.

[207] 梁学成，齐花. 新常态下文化与旅游产业融合发展的效应分析，中国旅游科学年会论文集，2015.

[208] 何建民. 我国旅游产业融合发展的形式、动因、路径、障碍及机制 [J]. 旅游学刊 2011，26（4）：8-9.

[209] 孙根年，王洁洁. 产业融合需因地制宜 [J]. 旅游学刊，2011，26（5）：8-9.

[210] 卓么措. 青海热贡地区文化产业与民族文化旅游融合发展探析 [J].

中国土族，2017（3）：8-9.

［211］杨治．产业经济学导论［M］．北京：中国人民大学出版社，1985.

［212］王颖．旅游融合发展效应研究［D］．云南大学，2015.

［213］杨义．高技术产业融合促进产业成长的路径与效应研究［D］．武汉理工大学，2013.

［214］詹诗．旅游与文化产业融合发展样式研究［D］．贵州大学，2015.

［215］杨艳华．文化产业与旅游产业融合途径探讨——以河南省为例［J］．经济与管理，2012（4）：23-25.

［216］李锋．文化产业与旅游产业的融合与创新发展研究［M］．北京：中国环境出版社，2014.

［217］杨卫武，朱佳．上海旅游产业与文化产业融合途径及其发展对策［J］．旅游经济，2012（3）：77-81.

［218］巩慧敏，鲍富元．海洋文化与海洋旅游融合发展途径研究——以海南为例［J］．现代商贸工业，2014，（1）：61-65.

［219］邢晟．河南文化产业与旅游产业发展的必要性及实现途径研究［J］．中国发现，2012（4）.

［220］麻学锋、张世兵、龙茂兴．旅游产业融合路径分析［J］．经济地理，2010（4）.

［221］郝雯芳．论我国电信与传媒产业边界融合的路径选择［J］．科技情报开发与经济，2007（23）.

［222］张奇．旅游企业经营模式的创新途径分析［N］．中国市场，2013（24）.

［223］王琼瑶．青海文化产业发展探析［J］．青海社会科学，2011（3）.

［224］张海燕，王忠云．旅游产业与文化产业融合发展研究［J］．资源开发与市场，2010（4）.

［225］崔永红等．关于发展青海文化产业的思考［J］．青海民族学院学报，

2005（3）.

［226］孙永清 . 加快青海文化旅游融合度的思考［J］. 青海金融，2013（9）.

［227］张心怡，洪力学 . 文化与旅游融合发展的意义［J］. 经济与管理，2017（9）.

［228］吴三忙 . 旅游业融合发展中政府的作用［J］. 旅游学刊，2011（6）.

［229］董建国 . 丝绸之路文化与旅游产业［J］. 丝绸之路，2009（16）.

**项目策划：** 段向民
**责任编辑：** 武　洋
**责任印制：** 钱　宬
**封面设计：** 武爱听

**图书在版编目（CIP）数据**

青藏高原多民族聚居区旅游产业与文化产业融合途径及其效应研究 / 张俊英著. -- 北京 : 中国旅游出版社, 2024. 9. -- ISBN 978-7-5032-7394-0

Ⅰ. F592.77; G127.7

中国国家版本馆 CIP 数据核字第 20240W4B38 号

**书　　名：** 青藏高原多民族聚居区旅游产业与文化产业融合途径及其效应研究

**作　　者：** 张俊英
**出版发行：** 中国旅游出版社
（北京静安东里 6 号　邮编：100028）
https://www.cttp.net.cn　E-mail:cttp@mct.gov.cn
营销中心电话：010-57377103，010-57377106
读者服务部电话：010-57377107
**排　　版：** 北京旅教文化传播有限公司
**经　　销：** 全国各地新华书店
**印　　刷：** 三河市灵山芝兰印刷有限公司
**版　　次：** 2024 年 9 月第 1 版　2024 年 9 月第 1 次印刷
**开　　本：** 720 毫米 × 970 毫米　1/16
**印　　张：** 13.5
**字　　数：** 194 千
**定　　价：** 59.80 元
**I S B N**　978-7-5032-7394-0